AF314550

HISTOIRE

ET PROCÉDÉS

DU POLYTYPAGE

ET

DE LA STÉRÉOTYPIE.

HISTOIRE

ET PROCÉDÉS

DU POLYTYPAGE

ET

DE LA STÉRÉOTYPIE.

Par A. G. CAMUS,

Membre de l'Institut national, Garde des Archives de la République.

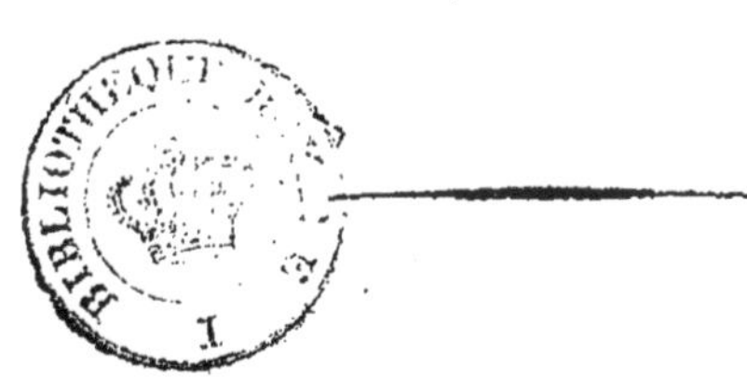

PARIS,

BAUDOUIN, Imprimeur de l'Institut national, rue de Grenelle St.-Germain, n°. 1131.

BRUMAIRE AN X.

HISTOIRE ET PROCÉDÉS

DU

POLYTYPAGE

ET

DE LA STÉRÉOTYPIE,

Par A. G. CAMUS.

Mémoire lu à l'Institut national les 28 germinal et 8 prairial an VI.

Il arrive souvent que, dans les premiers temps d'une découverte et de l'usage de procédés nouveaux, les expressions employées pour désigner ce qui en est l'objet, sont incertaines. Tantôt c'est une seule expression qu'on applique à des choses qui ne sont pas les mêmes : tantôt on multiplie

A

les expressions, parce que les choses, quoique les mêmes, se présentent sous des points de vue différens. Ainsi, dans ces dernières années, on a beaucoup parlé de *polytypage*, de *stéréotypie*, de *monotypie*, de *homotypie*, pour désigner divers moyens de répandre des ouvrages par la voie de l'imprimerie : on a appliqué le mot *polytypage* à des moyens qui n'étoient pas les mêmes, et les expressions de *stéréotypie*, *monotypie*, *homotypie*, ont désigné tantôt des procédés du même genre, tantôt des procédés de genre différent. Dans cet état, je crois devoir, avant tout, définir les expressions dont on s'est servi, désigner celles que je conserverai dans ce mémoire, et en fixer le sens.

Le nom substantif, base de toutes les expressions que j'ai citées, est le mot *type* (1), qui signifie un signe, une marque qu'on imprime en frappant ou appuyant, et qui peut se multiplier par cette voie. Les adjectifs qu'on y a ajoutés dans la composition,

____

(1) Τύπος, *La forme qui s'imprime*. (*Racines grecques.*)

signifient *type multiple* ou *multiplication du type; solidité du type* ou *type solide; unité du type* ou *type unique; similitude de type* ou *types semblables les uns aux autres* (1). Les mots *polytyper, polytypage,* ont désigné les moyens de multiplier les signes de la pensée, écriture ou dessin, soit par des voies qui tiennent de la gravure en taille douce, soit par d'autres voies qui tiennent de l'imprimerie proprement dite (2). Les mots *stéréotype, stéréotyper, monotype, homotype,* ont désigné les moyens de multiplier l'écriture, ou plutôt les éditions des livres par des procédés du genre de l'imprimerie. De ces quatre expressions je n'en conserve que deux avec leurs dérivés, *polytyper* et *sté-*

---

(1) Toutes ces expressions sont formées d'un adjectif ajouté au substantif τύπος : savoir, πολύς, *nombreux, fréquent;* στερεός, *solide, immobile;* μόνος, *seul;* ὁμός, *pareil.*

(2) J'ajoute *proprement dite,* pour ôter à cette expression la latitude qui la rend commune à l'action de l'imprimeur en taille douce et à celle de l'imprimeur en caractères mobiles. C'est de cette dernière que je parle toutes les fois que je nomme l'imprimerie absolument et sans l'addition *en taille douce.*

réotyper. J'applique la première, *polytyper,* à la multiplication de l'écriture ou du dessin par des procédés qui ont plus ou moins d'affinité avec ceux de la gravure en taille douce; j'applique la seconde à la multiplication d'une feuille écrite ou d'un livre, par des moyens qui ont des rapports avec ceux de l'imprimerie. Si je fais ou quelque usage des autres expressions, ou un autre usage des deux expressions que je conserve, ce ne sera que pour rendre les énonciations des artistes que je citerai dans les termes mêmes dont ils se sont servis, et en exposant le sens qu'ils leur ont attribué.

Je me propose de donner l'histoire et de decrire les procédés du polytypage et de la stéréotypie; mais je ne fais point de chapitres distincts, l'un pour l'histoire, l'autre pour les procédés, parce que c'est en rendant compte des tentatives, des découvertes et des succès des artistes, que j'indique les procédés qu'on peut employer. Je n'ai pas même pu séparer, autant que je l'aurois desiré, ce qui appartient au polytypage de ce qui appartient à la stéréotypie, parce que les mêmes personnes se sont occupées des mêmes objets; les mêmes tentatives ont fait faire des découvertes dans l'un et dans l'autre art. J'espère néanmoins distinguer assez dans mes récits ce qui regarde les deux opérations, pour qu'il ne résulte aucune confusion de ce que je ne les sépare pas absolument. L'ordre chronologique des tentatives, des découvertes et des procédés mis en usage, est celui qui m'a paru le plus convenable ; je vais le suivre.

Pour peu de connoissances que l'on ait sur l'invention de l'imprimerie, on sait que les premiers essais consistèrent dans l'impression de planches d'une seule pièce de bois, sur laquelle on gravoit en relief le discours dont on se proposoit de multiplier les exemplaires (1). Une seconde époque fut celle où l'on sépara les lettres pour en com-

____

(1) Cet art seroit aujourd'hui celui du graveur en bois, non celui du graveur et fondeur de caractères. On conserve à la Bibliothèque nationale deux planches qui ont servi à ces anciennes impressions. Elles portent chacune une page du *Donat* (espèce de rudiment ou grammaire pour la langue latine); mais ces pages ont servi chacune pour une édition différente. Les deux planches ont été acquises à la vente de la

A 3

poser des pages en les réunissant, les distribuer ensuite, et les rassembler de nouveau.

Il y avoit de grandes incommodités à employer des planches gravées en une seule pièce : il falloit préparer autant de planches que le livre avoit de pages ; graver autant de lettres qu'il y en avoit dans le discours : chacune ne pouvant servir que dans le lieu où elle étoit fixée. Les lettres étoient sans uniformité, et les fautes du graveur ne pouvoient se réparer que par des chevilles qui avoient rarement la solidité du plein bois. Un seul avantage étoit à remarquer : c'est que l'on n'étoit pas obligé de tirer en même temps un grand nombre d'exemplaires ; les planches subsistant entières, on ne tiroit les exemplaires qu'à proportion de leur débit. Mais cet avantage ne compensoit pas les inconvéniens, et il n'étoit pas lui-même affranchi de quelques désagrémens particuliers. Les planches de bois, alternativement mouillées et

bibliothèque de La Vallière, au catalogue de laquelle on en a joint des épreuves. (*Catal.* de 1783, n° 2179, t. II, p. 8.)

séchées , se tourmentoient, se fendoient, et ne pouvoient pas être d'un long service. Aussi on en abandonna l'usage peu après que l'on eut trouvé la manière de composer les pages avec des caractères mobiles, et de parfaire l'édition d'un volume de cent feuilles avec une quantité de caractères qui auroit à peine formé quatre ou cinq feuilles, s'il eût fallu conserver entières ces quatre ou cinq feuilles.

Dans la suite, on regretta quelquefois la facilité de tirer les exemplaires seulement à mesure du débit. Ce fut particulièrement à l'égard des livres dont le débit, sans être subit et rapide, étoit cependant assuré dans un certain nombre d'années successives, tels que des livres de classe, des bibles, etc. Le libraire, calculant l'avance du papier d'un nombre d'exemplaires dont le débit ne s'achevoit qu'au bout de dix ans, les frais de magasin, le déchet possible de ses exemplaires, auroit souhaité conserver les planches pour tirer des exemplaires à mesure de son besoin ; mais il falloit payer à l'imprimeur le plomb qui demeuroit oisif, et il falloit aussi des magasins pour conserver ce plomb dont la masse devenoit énorme lorsque le livre avoit une certaine étendue. Quelques établissemens qui, ayant des fonds considérables et une grande quantité de caractères, pouvoient en laisser une partie oisive, essayèrent de conserver des planches toutes composées. Jordan assure, dans son *Voyage littéraire*, que cela se pratiquoit à Halle en Saxe (ou Halle de Magdebourg), dans la typographie des orphelins, et que c'étoit la cause pour laquelle certains livres étoient à beaucoup plus bas prix dans cette librairie célèbre qu'ils n'étoient ailleurs : mais d'autres, ayant voulu faire la même tentative, s'y ruinèrent : comme le Juif Athias d'Amsterdam, qui entreprit de conserver, pendant plusieurs années, toutes les formes d'une grande bible en langue anglaise (1).

Une lettre de S. et J. Luchtmans au citoyen Renouard, libraire de Paris, en date de Leyde, le 24 juin 1801, et dont l'original m'a été communiqué, fournit, sur l'usage de conserver les planches formées de caractères mobiles et de les souder pour prévenir leur déplacement, des détails précieux. Je ne sau-

____

(1) Lelong, *Biblioth. sacra*, edit. 1723, p. 433.

rois mieux les faire connoître, qu'en transcrivant le texte de la lettre.

« Nous vous faisons parvenir un exem-
» plaire de notre Bible stéréotype, que nous
» prenons la liberté de vous offrir comme
» une pièce vraiment intéressante pour
» l'histoire de l'art. Les planches en sont
» toutes entre nos mains, et nonobstant
» que nous en ayons tiré plusieurs mille
» exemplaires, elles se trouvent encore dans
» le meilleur état. Au reste, c'est une réu-
» nion des caractères ordinaires par le pied,
» avec de la matière fondue, de l'épaisseur
» d'environ trois mains de papier à écrire.
» Les planches ont été faites par un artiste
» nommé Van der Mey vers le commence-
» ment du siècle qui vient d'écouler et aux
» frais de feu mon grand-père Samuel
» Luchtmans libraire, qui en même temps
» et par ledit artiste a fait préparer de la
» même manière les planches stéréotypes
» d'une Bible hollandaise *in-folio*, et c'est
» celle dont le libraire Elwe est actuelle-
» ment possesseur; et ensuite un nouveau
» testament grec petit caractère *in-*24, et
» dont les planches sont aussi conservées
» par nous. Enfin cet artiste a exécuté de

» ladite manière le *Novum Testamentum sy-*
» *riacum* et *Lexicon syriacum* de Schauf,
» 2 vol. *in-4°.* assez connus. On a vendu
» et brisé les planches de ce dernier ouvrage;
» et c'est à cela que s'est borné, pour
» autant que nous savons, ce que nous
» avons eu parmi nous en ce genre (1). »

Des artistes qui conçurent, dans des temps postérieurs, le même dessein de conserver les planches ou formes d'un livre afin d'en tirer des exemplaires au nombre et au temps qu'ils le voudroient, eurent recours à d'autres moyens. Il s'en présentoit assez naturellement un facile à imaginer dans la spéculation, mais dont l'exécution parfaite exigeoit qu'on surmontât beaucoup de difficultés. Ce fut de composer des pages avec les caractères mobiles en usage dans l'imprimerie, d'enfoncer les planches dans de l'argile ou du

---

(1) C'est vraisemblablement d'après une connoissance imparfaite des détails rapportés dans cette lettre qu'on a inséré au journal des des Défenseurs de la patrie, du 21 prairial an IX, n°. 1996, une note tout-à-fait inexacte, où l'on annonce que *les Bataves veulent disputer aux Français l'invention des caractères stéréotypes.*

plâtre ; et de former ainsi une planche creuse, ou un moule, dans lequel on couleroit du métal qui donneroit une planche solide et en relief propre à être imprimée.

Il est manifeste que ce procédé, en supposant son exécution parfaite, avoit l'avantage de conserver les planches d'un livre pendant tout le temps que l'on voudroit, sans une grande dépense, parce que les planches coulées n'exigeoient pas l'épaisseur considérable des planches composées de caractères mobiles (1). Il n'avoit pas l'inconvénient d'occuper une grande quantité de caractères, il en falloit même une moindre provision que pour l'impression ordinaire. Il suffisoit, en quelque sorte, d'avoir des caractères pour composer une page, puisqu'après avoir formé le moule de cette page, on pouvoit désassembler les caractères mobiles, les distribuer,

---

(1) Les caractères mobiles doivent avoir une tige d'une certaine hauteur (elle est ordinairement d'environ 25 millimètres, 10 lignes $\frac{1}{2}$), parce qu'il faut que l'ouvrier puisse les tenir dans ses doigts pour les assembler sur leur hauteur : la planche coulée peut n'avoir que six millimètres, environ 3 lignes.

et s'en servir pour composer une seconde page. On n'avoit pas non plus de disparate à craindre entre les caractères, le moule de chaque page étant le résultat de l'impression de caractères fondus originairement dans le moule unique propre à chacun d'eux. Enfin les planches n'étoient pas sujètes à se tourmenter et à se fendre, parce qu'elles n'étoient pas de bois, mais de métal.

Quelques personnes, en parlant de ce procédé, ont dit qu'il tendoit à ramener l'imprimerie à son enfance, et que les longues tentatives, couronnées du succès, pour imprimer avec des caractères mobiles, n'avoient plus aucun prix si l'on revenoit aux planches solides des premiers inventeurs de l'art. Cette critique annonce un grand défaut d'attention, soit aux détails de l'opération, soit à leur résultat; ou plutôt, peut-être, une envie aveugle de décrier un procédé qu'on avoit des motifs secrets de ne pas approuver. Il est évidemment faux que le procédé dont je viens de parler, rende inutile le bel art de composer des planches avec des caractères mobiles, puis que l'on ne forme le moule qu'au moyen

d'une planche composée avec de tels caractères. La planche qui aura été coulée dans
le moule sera d'une seule pièce, comme la
planche de bois que l'on gravoit vers 1440 ;
mais cette qualité d'être toute d'une pièce
sera la seule commune aux deux planches.
Les caractères de la planche de métal ne
seront point inégaux, comme l'étoient ceux
de la planche en bois : ils seront égaux et
identiques comme le sont tous les caractères
d'imprimerie, d'un même corps et d'une
même fonte. On peut employer pour former
le moule tels beaux caractères que l'on
voudra choisir, et la planche moulée (en
supposant encore une fois que l'exécution
soit parfaite) représentera exactement ces
beaux caractères. Loin donc que ce procédé
ramène l'imprimerie à son enfance, il aug-
mente la vigueur de l'art; il lui présente les
moyens d'exécuter de nouvelles entreprises.

Le plus ancien essai que je connoisse,
dans le genre de procédés que je viens de
décrire, est le jet en moule de planches
pour imprimer les calendriers qu'on place
à la tête des livres d'église. Lottin assure
que ce procédé fut mis en pratique à Paris
dès la fin du dix-septième siècle, et qu'on

se servoit de ces planches fixes, dans ce siècle (le dix-huitième), chez l'imprimeur Valleyre (1).

J'ignore sur quelle autorité Lottin s'appuyoit pour fixer à la fin du dix-septième siècle le commencement de l'usage des planches dont il parle. Ce dont je peux parler plus positivement, c'est de l'existence de ces planches elles-mêmes, ou de planches semblables, dont l'une étoit entre les mains de Firmin Didot, qui me l'a communiquée. J'en fais la description la planche sous les yeux.

C'est une table de cuivre fondue, de 97 millimètres (3 pouces $\frac{1}{2}$) de long sur 56 millimètres (2 pouces 1 ligne) de largeur, et trois millimètres (1 ligne $\frac{1}{2}$) de hauteur. Il est facile de juger, à l'inspection, qu'après avoir fait la composition de la page en caractères mobiles, on l'a enfoncée, du côté de l'œil de la lettre, dans une masse d'argile ou de sable, sur laquelle on a coulé du cuivre. L'aspérité du fond montre que la terre ou le sable n'étoient pas aussi bien

---

(1) *Catal. des imprimeurs de Paris*, par Lottin. Partie alphab. p. 87.

tamisés qu'ils auroient pu l'être. Par la même raison, et peut-être aussi par l'imperfection de la fonte, les caractères ne sont pas venus tous également bien ; en général leurs arrêtes ne sont pas vives ; la surface de la plupart est arrondie ; quelques-uns sont cassés. Ces défauts doivent provenir de la mauvaise qualité de la matière employée pour former le moule ; de ce que la planche composée en caractères mobiles n'a pas été enfoncée avec assez de précaution dans la masse qui donnoit le moule ; de ce que, lors de la dessiccation, quelques angles, quelques creux se sont oblitérés ; enfin de ce que le cuivre en fusion n'a pas pénétré dans tous les creux et les recoins des lettres. Après la fonte, le côté de la planche opposé à l'œil des lettres a été dressé à la lime pour qu'elle portât dans toutes ses parties sur une planchette à laquelle on l'a attachée avec des clous d'épingle, dont on voit les trous et même les restes. La raison d'attacher cette planche sur un bois d'une certaine épaisseur étoit de la mettre à la hauteur ordinaire des planches composées en caractères mobiles, et de pouvoir l'assujétir dans un châssis.

J'ai fait tirer des épreuves de la planche que je viens de décrire, et je les joins au présent mémoire, d'abord afin que chacun juge par soi-même du résultat de cette première tentative et de son imperfection; ensuite, afin que l'on puisse rechercher un exemplaire du livre où la page que je représente est employée. La date de l'impression, portée sans doute sur le frontispiçe du livre, indiquera positivement une des années où l'on faisoit usage de ces planches. La recherche doit avoir lieu particulièrement parmi les livres *d'heures* imprimés chez Valleyre. Il n'est pas difficile de déterminer, dans l'épreuve que je donne, des points de reconnoissance. On peut remarquer la faute d'impression qui se trouve dans le nom de saint Grégoire (Grégooire), à la date du 12 mars (1).

______

(1) Je souhaite fortement qu'on rencontre un de ces livres avec la date de l'année. L'assertion de Lottin, que personne n'a démentie, me paroissoit suffisante pour assurer aux Français l'invention des planches stéréotypes coulées. Un ouvrier compositeur employé chez Baudouin assure avoir été témoin de l'usage de ces planches chez Valleyre avant 1735 : cependant, par suite d'une indifférence trop commune aux Français,

MARS	AVRIL
Mars a 31. jours & la Lune 30.	*Avril a 30. jours & la Lune 29.*
1 d s. Aubin , Evêque	1 g s. Hugues , Ev.
2 e s. Ceadde, Evêque	2 A s. François de P.
3 f ste Cunegonde	3 b s. Richard , Ev.
4 g s. Casimir Prin. P.	4 c s. Ambroise , Ev.
5 A s. Drausin, Evêq.	5 d s. Vincent Ferr.
6 b s. Godegrane, Ev.	6 e s. Pierre , Martyr.
7 c s. Thomas d'Aq.	7 f s. Egesipe , Hist.
8 d s. Jean de Dieu	8 g s. Denis, Evêque.
9 e ste Françoise, veu.	9 A ste Marie Egyp.
10 f s. Droctovée, Ab.	10 b s. Terence , M.
11 g Les 40. Martyrs	11 c s. Leon , Pape.
12 A s. Gregooire, Pa.	12 d s. Jule } Pape.
13 b ste Euphrasie, V.	13 e ste Ide , Veuve.
14 c s. Lubin, Evêque	14 f s. Tiburce & s. C.
15 d s. Tranquille, Ab.	15 g s. Octaire, Conf.
16 e s. Cyriaque, Mar.	16 A s. Paterne , Ev.
17 f ste Gertrude, Vier	17 b s. Anicet, P. & M.
18 g s. Cyrile de Jerus.	18 c s. Parfait, Pr. M.
19 A s. Joseph.	19 d s. Timon, Diacr.
20 b s. Joachim	20 e s. Marien d'Aux.
21 c s. Benoist, Ab. M.	21 f s. Anselme, Arch.
22 d s. Camelien, Ev.	22 g L'Invent. S. D.
23 e s. Procule, Evêq.	23 A s. Georges , M.
24 f ste Caterine de S.	24 b ste Beuve, Vierg.
25 g *L'Annonciation*	25 c s. Marc , Evang.
26 A s. Jean d'Egypte	26 d s. Clet, Pape M.
27 b s. Rupert, Evêq.	27 e s. Anthime , Ev.
28 c s. Protere, Evêq.	28 f s. Vital , Mart.
29 d s. Eustase , Abbé	29 g ste Catherine
30 e s. Rieul, Evêque	30 A s. Eutrope , Ev.
31 f ste Balbine , v.	

Stéréotypie. Page 16.

De 1725 à 1739, un Écossais nommé William Ged , fit d'autres tentatives ; il imprima des livres entiers avec des planches moulées d'une seule pièce pour chaque page (1). Ged étoit orfévre à Édimbourg.

---

par suite de leurs préjugés presque toujours plus favorables aux étrangers qu'à eux-mêmes, on les a vus attribuer l'invention des planches stéréotypes coulées à l'Écossais Ged dont il va être question. Le fait est que les tentatives de Ged ne datent que de 1725 , long-temps après la fin du 17e. siècle ; et que son Salluste n'a paru qu'en 1739 , plusieurs années après l'usage des planches de cuivre de Valleyre. On dit que le cuivre ne donnoit pas une impression aussi belle que le plomb allié avec l'antimoine ; cependant on imprime assez bien avec des planches de cuivre. L'invention consistoit à couler une planche ; il étoit facile de choisir après cela tel ou tel métal. On a observé que le calendrier de Valleyre ne formoit qu'un petit nombre de pages, comme s'il n'étoit pas évident que la découverte du moyen d'imprimer une feuille est la découverte du moyen d'imprimer cent feuilles. Un Écossais a perfectionné ; un Français avoit inventé ; et aujourd'hui les Français sont allés bien au-delà des premiers perfectionnemens de l'Écossais.

(1) Voici les sources d'ou j'ai tiré ce que je vais dire de William Ged. 1°. *Biographical memoires of William Ged, including a particular account of his*

B

Ce fut là que, vers 1725, il conçut l'idée d'imprimer des livres avec des planches moulées. Pour exécuter son projet, il se transporta à Londres, où il contracta une société avec les frères Feuner, dont l'un étoit fondeur de caractères, l'autre libraire. Après avoir formé la planche de caractères mobiles, on couloit dessus une composition de plâtre qui devenoit un moule où l'on versoit de la matière qui sert ordinairement pour les caractères d'imprimerie. Delà il

---

progress in the art of Block-Printing. London, J. Nichols, 1781, 1 vol. in-8°. Il a été donné un extrait de cet ouvrage dans le *Journal polytype des sciences et des arts* (partie des arts utiles), mai 1786, n° 13, p. 209. L'extrait a été réimprimé dans l'*Esprit des journaux*, août 1786, p. 73. 2°. L'*Encyclopédie méthodique* (Arts et métiers) *verbo* IMPRIMERIE. Le volume qui contient cet article a été publié en 1784. 3°. Le *Magasin encyclopédique*, 4e année, t. I, p. 276 et 544. Ce qui est rapporté dans le *Magasin encyclopédique* a été extrait des *Anecdotes* de Bowger, p. 585; du *Dictionn. biogr.* anglais, art. *Ged*; des *mélanges littéraires* d'Edimbourg, publiés en anglais par James Livald, t. XIV, p. 450. Quant au *Salluste* que Ged a publié, j'en parle pour l'avoir vu, ainsi que je le dirai page 21.

résultoit une planche solide avec laquelle on imprimoit. Ged et ses associés obtinrent de l'université de Cambridge le privilége d'imprimer une bible et des livres de prières ; mais ils furent traversés par la jalousie des libraires et des imprimeurs : Ged et ses enfans ne tarissent point, dans leurs mémoires, sur le récit des vexations qu'ils éprouvèrent. On alla jusqu'à corrompre les éditions des livres de prières qu'il avoit préparées, et on les publia pleins de fautes et d'incorrections pour discréditer son entreprise.

Ged retourna ruiné à Édimbourg, mais sans perdre son plan de vue. Il mit James son fils en apprentissage chez un imprimeur, et, conjointement avec lui, il exécuta une édition de Salluste. Il essuya encore de nouvelles traverses, et en 1745 il fut accusé de haute trahison au sujet d'une rébellion dans laquelle il s'étoit trouvé compromis ; mais on lui fit grace en considération du secret dont il étoit possesseur pour imprimer par un procédé nouveau.

William Ged mourut en 1749. James son fils publia, en 1751, un mémoire où il exaltoit les avantages des procédés imaginés par son père : il proposa une souscription pour exécuter de nouvelles éditions par ces procédés ; mais il ne paroît pas que la souscription ait été remplie, ni que, postérieurement au Salluste, il ait été publié, soit par William, soit par James, aucun autre livre imprimé avec des planches moulées.

Philippe-Denis Pierres, imprimeur autrefois à Paris, maintenant à Versailles (1), possède un exemplaire du *Salluste* de Ged, et l'une des planches moulées qui ont servi

––––––––––––

(1) Je ne laisserai pas échapper cette occasion de rendre un témoignage public au zèle et à l'assiduité avec lesquels Pierres a cultivé toutes les parties de son art, et essayé de faire des changemens utiles dans quelques parties, entre autres quant à la presse. En 1786 il fit imprimer la description d'une nouvelle presse ; depuis, il en a inventé une seconde qui n'a ni jumelles, ni train, ni étançons. Ce n'est pas ici le lieu de la décrire ; j'en ai vu l'effet chez lui, et il me paroît que l'empire de la routine aveugle est le seul obstacle qui ait pu s'opposer jusqu'ici à l'adoption d'une machine très-simple et d'un usage très-facile. Pierres exécute lui-même fort adroitement, soit en grand, soit en modèle, les machines qu'il invente. Dans l'intention où il étoit de travailler à la description des procédés de l'imprimerie, il a recueilli un

44   C. CRISPI SALLUSTII

" fent. Poftremo, Patres confcripti, fi meher-
" cule peccato locus effet, facile paterer, vos
" ipfa re corrigi, quoniam verba contemnitis ;
" fed undique circumventi fumus. Catilina
" cum exercitu faucibus urget: alii intra mœ-
" nia, in finu urbis funt hoftes: neque parari,
" neque confuli quidquam oculte poteft. quo
" magis properandum. Quare ita ego cenfeo
" cum nefario confilio fceleratorum civium ref-
" publica in maxuma pericula venerit, hique
" indicio T. Volturcii, & legatorum Allobro-
" gum convicti confeffique fint, cædem, incen-
" dia, alia fœda atque crudelia facinora in civis
" patriamque paraviffe ; de confeffis, ficuti de
" manifeftis rerum capitalium, more majorum,
" fupplicium fumendum. "

LIII. Poftquam Cato adfedit: Confulares o-
mnes itemque fenatus magna pars fentenriam
ejus laudant, virtutem animi ad cœlum ferunt ;
alii alios increpantes timidos vocant : Cato
magnus atque clarus habetur: fenati decretum
fit, ficuti ille cenfuerat. Sed mihi multa legenti,
multa audienti, quæ populus Romanus domi militiæque, mari atque terra præclara facinora fecit, forte lubuit atendere, quæ res maxume
tanta negotia fuftinuiffet. Sciebam, fæpe nu-
mero parva manu cum magnis legionibus ho-
ftium contendiffe: cognoveram, parvis copiis
bella gefta cum opulentis regibus: ad hoc fæpe
fortunæ violentiam toleraviffe : facundia Græ-
cos, gloria belli Gallos ante Romanos fuiffe.
Ac mihi multa agitanti conftabat, paucorum
civium egregiam virtutem cuncta patraviffe ; e-
oque factum, uti divitias paupertas, multitu-
dinem paucitas fuperaret. Sed poftquam luxu
                                    atque

à l'imprimer. J'ai vu, chez lui, et le livre et la planche ; c'est l'un et l'autre sous les yeux que j'en donne la description. Le titre du livre est : *C. Crispi Sallustii belli Catilinarii et Jugurthini historiae. Edinburgi Guill. Ged aurifaber Edinensis non typis mobilibus, ut vulgò fieri solet, sed tabellis seu laminis fusis excudebat.* 1739. Le format est un petit in-12, le nombre des pages 150. Le caractère est du corps que les imprimeurs appellent *petit texte.* L'exécution, dans son ensemble, n'a rien de remarquable : c'est seulement une édition de bon usage. La planche conservée par Pierres est celle de la page 44. Sa matière est la même que l'on emploie pour les caractères d'imprimerie : elle a 112 millimètres (4 pouces 2 lignes) de longueur, 47 millimètres (2 pouces) de largeur, et 5 millimètres (2 lignes $\frac{1}{2}$) d'épaisseur. Les lignes sont au nombre de 35 , non compris celle de tête ou titre courant, et celle de pied qui est formée de la réclame *atque.* Il m'a paru que, pour donner plus de

---

grand nombre de livres, portraits et mémoires curieux sur la typographie.

B 3.

profondeur aux espaces qui sont à la fin des *alinea*, on les a refouillés à l'échoppe, après la fonte (1).

Certains procédés décrits en Allemagne dès 1740, comme y étant pratiqués à cette époque, méritent d'être remarqués, parce qu'ils ont pour objet des opérations du

---

(1) Si l'on desire une description plus détaillée de ce livre, on peut consulter la lettre de Pierres à Fréron, imprimée dans l'*Année littéraire*, 1773, t. VI, p. 324-331. Mercier (abbé de Saint-Léger) possédoit un exemplaire du *Salluste* de Ged, qui a été adjugé, à la vente de sa bibliothèque (*Catal.* p. 37) en l'an 8, pour le prix de 9 fr.; il est vrai que l'exemplaire étoit un peu gâté. Il est singulier combien on trouve de fautes dans les catalogues et ailleurs, sur l'indication de ce *Salluste*. Lottin (*Catal. des imprimeurs*), Leclerc (*Supplém. au dictionn. de Ladvocat*), l'auteur d'un mémoire sur les procédés de Ged, inséré dans l'*Encyclop. méthodique* (*Arts et métiers*, au mot *Imprimerie*) en ont daté l'édition de 1744. Denis, dans son *Introduction à la connaissance des livres* (en allemand) première partie, p. 166 et 261, a cru que c'étoit un livre gravé, comme l'*Horace* de Pine. Mauroboni, dans sa *Biblioth. portative des auteurs classiques*, t. II, pag. 43, le suppose accompagné de belles figures gravées : *con bellissime figure in rame.* Beaucoup de bibliographes ne l'ont pas connu.

genre de celles que Ged employoit, et dont
on a fait usage en France dans des temps
postérieurs. Un imprimeur-libraire d'Erfort, nommé J. Michel Funckter, a publié
dans cette ville, à la date de 1740, et en
allemand, un petit livre dont le titre peut
être ainsi rendu : « Introduction courte
» mais utile à la taille des planches de bois
» et de l'acier, pour faire des lettres, or-
» nemens et autres figures...... et enfin
» (après un long détail d'autres objets) à
» l'art de cuire le plâtre, de préparer des
» moules de sable pour couler lettres, vi-
» gnettes, culs-de-lampes, médailles, et
» d'en former des matrices (1) ». Les procédés pour préparer les moules de plâtre et
de sable, et pour y couler le métal, sont

---

(1) Kurze doch nützliche anleitung von Form und
Stahl-schneiden.... Erfurt, druckts und verlegts Elias
Sauerländer, 1754, 108 pages in-8° avec figures. C'est
d'après cette édition de 1754, qui est à la bibliothèque
du Corps législatif, que je rends compte de cet ouvrage
et des procédés qui y sont décrits ; mais j'en ai vu
chez Pierres une autre édition portant la date suivante :
Erfurt, verlegt von Joh. Mich. Funckter, Buchhändler
und univers. Buchdrucker, 1740.

exposés dans les trois premiers chapitres de la troisième partie, pages 81—96.

La formation des moules en plâtre est l'objet du premier chapitre. On concasse de la pierre à plâtre, on la tamise, on la fait cuire, on la sèche parfaitement. On réduit de la brique en une poudre fine comme de la farine, et on la fait sécher. Enfin on pulvérise de la même manière de l'amianthe. On mêle ensemble deux parties et demie de plâtre, une partie de poudre de brique, une demi-partie d'amianthe. On les arrose avec de l'eau pure, en les broyant bien, de manière qu'il n'y ait aucun grumeau. D'une autre part, on dispose la pièce dont on veut avoir l'empreinte, on l'environne de petites lames de bois, et l'on élève autour de petits murs ou des rebords avec de l'argile. Si c'est une gravure en bois, on l'enduit, avec un pinceau, d'une légère couche d'huile. On verse dessus, et petit à petit, la composition de plâtre en l'étendant à mesure avec le doigt, ou mieux avec un pinceau, tellement qu'il ne reste aucune soufflure. On continue à verser du plâtre jusqu'à ce que l'on ait une masse de l'épaisseur qu'on juge convenable ; on enlève les rebords d'argile qui la contenoient, et on la détache avec précaution de la planche en bois : on obtient ainsi un moule propre à recevoir le métal fondu.

Dans le second chapitre il est question du moule de sable. L'auteur propose plusieurs espèces de sables : celui que les potiers-d'étain emploient, celui qui se dépose au fond des ornières ; il y mêle de la laine tontisse, ou des étoupes de coton. Il emploie aussi, comme ingrédiens, la charrée ou cendre dont on a tiré une lessive, et la craie. En général il se sert, pour brasser ces matières, de bière forte. Quand le mélange est composé, il saupoudre la pièce, dont il veut tirer le moule, d'une fine poussière de charbon ; il la couvre d'un vase en forme de bouteille (sans fond), il y insinue sa composition de sable : il la foule, et lorsqu'elle est détachée de la pièce dont on vouloit prendre l'empreinte, c'est un moule dans lequel on peut couler du métal.

Le procédé contenu dans le troisième chapitre est différent des deux qui viennent d'être exposés. Délayez de la sanguine dans de l'eau, et en mettez, avec un pinceau, une couche légère sur la pièce de bois dont vous

voulez tirer une matrice. L'effet de cet appareil est de préserver le bois d'être endom-
magé par la chaleur qu'il éprouvera. Faites
une petite caisse de papier que vous frot-
terez de sanguine ; tenez-la un tant soit peu
plus large que votre pièce, versez-y du
plomb en fusion, prenez votre pièce à deux
mains , et enfoncez-la bien également dans
le plomb , qui ne doit être ni trop chaud ni
trop froid. Vous détachez de la pièce le
plomb, vous ôtez les bavures, et vous frottez
le dessous de la matrice que vous avez ob-
tenue, sur une meule, pour la dresser exactement. D'une autre part, faites préparer
des mandrins de diverses grandeurs, selon
celle de vos pièces, et un manche qui s'a-
dapte à ces mandrins au moyen d'une vis.
Fixez votre matrice au mandrin ; préparez
une petite caisse de papier frotté de sanguine , versez-y de la matière de caractères
d'imprimerie en fusion ; soyez attentif à
prendre un juste degré de chaleur ; saisissez
le manche du mandrin qui porte la matrice ;
levez-la perpendiculairement au-dessus de la
matière contenue dans la caisse ; abaissez-la
prestement et bien droit ; quand vous avez
ainsi frappé la matière, laissez votre main

posée un instant. La force du coup a fait jaillir ce qu'il y avoit de trop dans la petite caisse; le surplus forme une empreinte, qu'avec une lame de couteau vous détacherez facilement de la matrice. On se garnira la main d'un gant pour n'être pas brûlé par les éclaboussures de la matière en fusion; et pour ménager la matrice on peut la frotter, soit d'une eau dans laquelle on aura délayé de la sanguine, soit d'eau seconde, ou l'exposer à la fumée d'un bois résineux.

Le procédé qu'on vient de lire tient beaucoup de celui que les graveurs de monnoies et de médailles emploient lorsqu'ils veulent tirer des épreuves de leurs carrés. Ils versent, sur un papier ou sur leur table, du plomb fondu, et quand il est presque au moment de se figer, ils précipitent avec la main leur carré sur le métal en fusion, frappant avec force et prestesse, pour que le métal s'introduise dans les plus petites cavités. On obtient ainsi un relief de l'empreinte du carré. Cela s'appelle tirer une épreuve par le moyen du plomb à la main; et cette pratique est aujourd'hui commune. J'aurois desiré savoir au juste de quelle époque elle datoit en France. Il n'en est pas mention dans l'ancienne Encyclopédie ; elle est décrite dans le Dictionnaire des arts et métiers par Jaubert, édition de 1773 (1), et de là elle a passé dans la nouvelle Encyclopédie (2). On m'a assuré qu'elle étoit en usage il y a plus d'un siècle.

En Allemagne on a continué à suivre le procédé publié à Erfort en 1740. Je trouve, à ce sujet, deux articles importans consignés dans l'Encyclopédie allemande, ou Dictionnaire universel des sciences et des arts (en allemand) qui se publie in-4° à Francfort sur le Mein.

Le premier article est au premier volume, publié en 1778, sous le mot Abklatschen (abklatschen, *donner une claque*) : en voici l'extrait.

« Les planches en bois, telles que celles
» qu'on grave pour vignettes, étant coû-
» teuses, on en tire des empreintes en mé-
» tal, qui sont moins chères, mais aussi
» moins pures et moins belles. Pour les
» obtenir on verse du plomb dans une caisse
» de carton, et l'on y plonge la pièce gravée
» en bois. Le plomb refroidi présente une

____

(1) Tome II, p. 373, au mot *Graveur.*

(2) *Arts et métiers*, au mot *Graveur*, p. 252. Ce volume a été publié en 1784.

» forme ou matrice. On enfume cette ma-
» trice avec des bois résineux, ou bien on
» la frotte légèrement de craie très-fine,
» afin d'empêcher, dans l'opération qui va
» suivre, l'adhérence des métaux. On fond
» du métal de caractères d'imprimerie, on
» le verse dans une petite caisse de carton,
» et on imprime, en frappant, la matrice
» de plomb. La force du coup fait péné-
» trer le métal dans tous les creux de la
» matrice ; on obtient une empreinte
» presque semblable à la pièce gravée en
» bois. S'il est nécessaire, on la retouche
» au burin, et on la fixe sur une petite
» planche carrée ». On lit à la fin de ce
premier article que s'il s'agissoit de mouler
une pièce de plus grande dimension, on
recourra à ce qui se trouve dit à l'article
𝕭𝖚𝖈𝖍𝖉𝖗𝖚𝖈𝖐𝖊𝖗𝖋𝖙𝖔𝖈𝖐 (Buchdruckerstock).

C'est le second article que j'ai indiqué. Il
est au quatrième volume de l'Encyclopédie, qui a été publié en 1780.

« A l'égard des pièces d'une certaine
» grandeur, dit-on dans cet article, il faut
» faire cuire du *spath* (1), le broyer très-

______

(1) Le spath dont il est ici question, est un de

» fin, l'humecter avec une dissolution de
» sel ammoniac, et le presser dans une
» forme. On y couche la pièce gravée et
» on l'enfonce à force. On la retire; on
» laisse sécher la masse de spath, et l'on
» coule dessus du métal fondu. On agite
» doucement la forme afin que le métal
» pénètre dans tous les traits; et l'empreinte
» que donne le métal, quand il est refroidi,
» n'a besoin que de quelques légères re-
» touches qui se font au burin. »

Dans un Manuel typographique, imprimé à Halle en 1785 (1), on annonce que

---

ceux que Linnée a rangés parmi les pierres calcaires,
avec la désignation de *spata solubilis*, qui les dis-
tingue du *feld-spat*, et autres qu'il nomme *spata fixa*.
(*Systema naturæ*, Vindobonæ, 1770, t. III, p. 48
et suiv.) C'est ou le *spath calcaire* ou le *spath pesant ordinaire* (appelé par quelques-uns *spath gypseux*)
de la *Sciagraphie* de Bergman, traduite et annotée
par Mongez, §. 89, p. 94 et 95. Les modernes nomment
le spath calcaire *carbonate de chaux*; le spath pesant,
sulfate de baryte. (*Méthode de nomenclature chi-
mique*, par Guyton-Morveau et autres, p. 139.)

(1) Orthotypographisches Handbuch. Von Christ.
Gottlob Täubel. Halle und Leipzig, bey Chr. Gottl.
Täubel. 1785, p. 362.

l'on trouvera à un prix modéré, chez Selzam, de Leipzick, des pièces de gravure, soit en bois, soit en métal coulé.

La nécessité de suivre le récit d'opérations de même genre, pratiquées chez la même nation, m'a forcé d'anticiper un peu sur les dates que l'ordre chronologique me présentoit, et je suis obligé maintenant de rétrograder pour rendre compte d'opérations qui ne sont pas en elles-mêmes des procédés de stéréotypie, mais qui ont conduit à des procédés que l'on a mis en usage pour la stéréotypie.

Darcet (membre de l'Institut national) publia dans le *Journal de médecine* du mois de juin 1773, des « expériences sur quelques » alliages métalliques qui ont la propriété » de se ramollir, et même de fondre et de » couler dans l'eau bouillante (1) ». Darcet étoit bien éloigné de se donner pour l'auteur

______

(1) Le mémoire de Darcet a été réimprimé seul, sans date, douze pages in-12. Dans le *Journal de physique*, t. IX, p. 60, on a publié la composition donnée par Margraf d'un métal fusible dans l'eau. Il est composé de deux parties de bismuth, une partie de plomb et une d'étain.

des premières découvertes en ce genre. Il en laissoit l'honneur à Newton, à Homberg, à Musschenbroeck; mais il ajoutoit à leurs tentatives de nouveaux essais et des résultats positifs. Ces résultats sont, entre autres, 1º. que seize parties de bismuth, quatre d'étain, trois de plomb, font un alliage qui devient très-mou à l'eau bouillante, et qui se pétrit comme un amalgame à demi fluide; 2º. que huit parties de bismuth, cinq parties de plomb et trois parties d'étain, forment un alliage qui fond avant que l'eau soit bouillante. Étant placé sur un support, il fond l'instant d'après que l'eau a commencé à bouillir. L'effet est le même pour les grandes masses comme pour les petites (1).

Il y a quelques autres remarques importantes à faire sur le plus ou moins de dureté et de fusibilité des mêmes métaux, selon les préparations ou les alliages qu'on leur donne. En général, un métal pur est plus tendre qu'un métal mêlé d'alliage. Le métal pur reçoit mieux les empreintes; il les con-

----

(1) Fourcroy fait mention de ce dernier résultat dans son *Systéme des connoissances chimiques*, t. III, p. 396, édit. in-4º.

serve moins. Le métal écroui, ou battu à froid, est plus dur que celui qu'on a recuit : c'est-à-dire, auquel on a rendu, en le chauffant, la ductilité et la douceur que l'écrouissage lui avoit fait perdre. Le plomb et l'étain se fondent plus promptement, lorsqu'ils sont alliés l'un avec l'autre, que lorsqu'on les traite seuls : cette observation est le fondement des expériences que je citois, il y a un moment, de Darcet, sur quelques alliages métalliques.

L'ordre chronologique amène ici les premiers procédés relatifs au polytypage, dont j'ai connoissance, dans le genre de la gravure en taille douce. Il en est fait mention dans un mémoire de Rochon, sur une machine à graver de son invention (1). Elle

---

(1) Je ne décris pas cette machine, parce qu'elle n'appartient pas proprement soit au polytypage, soit au stéréotypage, et parce que d'ailleurs sa description est imprimée dans un *Recueil de mémoires sur la mécanique et la physique*, que Rochon, alors de l'Académie des sciences et de celle de marine, aujourd'hui membre de l'Institut national, et directeur de l'observatoire de la marine à Brest, publia en 1783, chez

lui donné occasion de parler de Franklin, qui piqua sa curiosité en lui montrant des essais qu'il avoit faits en Amérique, pour imprimer aussi vîte qu'on écrit. « Le moyen » que Franklin paroît avoir employé (je » transcris le texte de Rochon) consiste à » écrire sur du papier avec de l'encre gom- » mée. Il saupoudre son écriture avec du » sablon ou de la poussière de fer fondu, » tamisé ou pulvérisé, qu'il enferme entre

Barrois aîné, un vol. in-8°, p. 323—347. La description a été réimprimée en partie dans la *Bibliothèque physico-économique*, 1785, p. 184-188; et avec des additions dans le *Journal de physique*, brumaire an 7, t. IV, p. 363-377, sous le titre de *Mémoire sur la typographie*. Il faut observer, pour fixer l'ordre des dates, que la machine décrite dans ce mémoire avoit été présentée à l'Académie des sciences en 1781, ainsi qu'il résulte d'un rapport signé par Condorcet et Bossut, le 22 décembre 1781; et que, dans son mémoire, l'auteur déclare (p. 343) que, sans M. Franklin, il ne se seroit peut-être jamais occupé de l'art de la gravure. Il rapporte à cette occasion les procédés dont je vais parler dans le texte. Franklin vint à Paris en 1777. (Voyez *Mémoires* sur sa vie. Buisson, an 6, t. I, p. 274.) Ces remarques fixent à peu près au même temps la connoissance des procédés de Franklin et le premier usage des procédés de Rochon.

» deux planches. L'une de ces deux plan-
» ches, qui doit recevoir la gravure, doit
» être de bois (1) ou de métal tendre, tel
» que de l'étain ou du cuivre. L'autre plaque
» peut être de pierre dure ou de fer. Ces
» deux plaques, soumises à l'action d'une
» presse (dans le *Journal de physique*,
» d'une presse à rouleau), forceront l'é-
» criture de s'incruster dans le métal tendre.
» L'on aura donc la contre-épreuve de son
» écriture sur la planche de bois ou de
» métal, et cette planche servira, en em-
» ployant la méthode usitée par les gra-
» veurs, à donner autant d'exemplaires
» que la profondeur de la gravure le per-
» mettra. »

Rochon remarque que les copies obtenues
par ce procédé ne sont pas agréables à la
vue; il a eu recours à un moyen qui n'a
pas le même inconvénient. Il écrit avec une
pointe d'acier sur une planche de cuivre,

---

(1) Dans la nouvelle édition du mémoire, imprimé au *Journal de physique*, il n'est pas question
de planche de bois. En effet le bois ne seroit nullement propre à donner une planche dont on pût se
servir pour imprimer dans le genre de la taille douce.

vernissée selon la méthode des graveurs.
On couvre la planche d'eau-forte; bientôt
les lettres formées, en enlevant le vernis avec
la pointe dont on s'est servi pour écrire, se
trouvent gravées, et l'on tire des épreuves.
Il est vrai que ces épreuves sont à contre-sens,
mais on en tire sur-le-champ des contre-
épreuves qui sont en sens direct et lisibles.
Ainsi, l'on tire, par exemple, douze épreuves,
et tandis que l'encre est encore fraîche,
on met, entre chacune, une feuille blanche
mouillée et préparée. D'un seul coup de
presse on obtient douze contre - épreuves
très-propres et très-lisibles.

Rochon conclut en disant que cette méthode n'équivaudra jamais sans doute à la
gravure, mais qu'elle peut être fort utile
dans tous les cas où il s'agit de multiplier
promptement les copies. Le même savant a
imaginé, dans la suite, d'autres procédés
de stéréotypie qui appartiennent à l'imprimerie en lettres; mais comme ils décou-
lent des procédés d'Hoffmann, je dois dif-
férer d'en rendre compte.

Il y a un fait que je mentionnerai ici,
parce que j'ai lieu de croire qu'il se rapporte
à l'époque que je parcours actuellement.

Le citoyen Reth (dont j'aurai occasion de parler plusieurs fois dans la suite) m'a communiqué les 216 premières pages d'un *Virgile* petit in-8° ou in-12, avec la note suivante : « Ce *Virgile* a été polytypé vers 1780, en » métal ordinaire de caractères, par André » Foulis, de Glascow, qui obtint, pour » ses procédés, une patente ou privilége » exclusif de quinze années ». J'ai facilement reconnu les caractères de Foulis; j'ai aperçu les défauts qui se trouvent ordinairement dans les éditions stéréotypes, tels que des caractères déformés lors de la pression, et d'autres inégalement empreints : mais, dans le nombre des feuilles qui m'ont été remises, il n'y a ni frontispice ni avertissement; rien, par conséquent, qui fixe la date précise de l'édition, ni qui indique les procédés par lesquels elle a été exécutée. Je fais des recherches ultérieures sur cette édition : s'il m'arrive quelques renseignemens, je les publierai. Je remarque seulement que l'édition dont je parle est reconnoissable à une faute au premier mot du dix-huitième vers de la sixième églogue, page 15, ligne 4. On lit *adgresti* au lieu de *adgressi*.

C 3

L'année 1786 est une époque remarquable dans l'histoire du polytypage et de la stéréotypie, par l'usage que Hoffmann (François-Ignace-Joseph), Alsacien, fit des découvertes de ceux qui l'avoient précédé, et par l'étendue qu'il essaya de leur donner (1). Il assigne la première époque de ses découvertes à l'année 1783; et en effet, dans le volume des arts de l'*Encyclopédie méthodique*, qui contient l'article *imprimerie*, et qui parut en 1784, on lit (page 521) :

---

(1) Ce que je vais dire d'Hoffmann et de ses entreprises est tiré du *Prospectus* du *Journal polytype*, distribué sous le nom d'Hoffmann père et fils, au mois de janvier 1786 ; de quelques articles insérés dans le *Journal polytype*, partie des *Sciences utiles*; n° IV, p. 66; n° VI, p. 104; n° VII, p. 129; d'un mémoire manuscrit contenant description du polytype et du logotype, signé par Hoffmann, à Schelestat le 21 janvier 1792, avec une addition datée de Strasbourg le 6 février suivant : ces mémoires sont en originaux dans les bureaux du ministre de l'intérieur ; enfin de plusieurs pièces authentiques recueillies lors de l'apposition des scellés chez les Hoffmann. Ces pièces se sont trouvées dans les bureaux de la librairie, dépendans de la chancellerie, et sont aujourd'hui à la bibliothèque nationale.

» Il faut citer parmi les essais d'imprime-
» rie, un *art nouveau* de M. Hoffmann,
» Allemand, établi en France en cette an-
» née 1784 ». En transcrivant les expressions de l'*Encyclopédie*, qui sont celles
d'Hoffmann lui-même, *art nouveau*, je ne
prétends pas les adopter. Hoffmann ne me
paroît pas avoir rien inventé, mais seulement avoir réussi dans l'application et la
réunion de procédés déja découverts.

La stéréotypie ou polytypie, dans le
genre de l'imprimerie en lettres, a été l'objet dont il s'est principalement occupé. Il
avoit appris, dans l'essai sur les alliages
par Darcet, la composition d'alliages que
l'on peut, en quelque sorte, pétrir comme
de la cire molle. Il avoit recueilli des essais
de Ged, l'idée de mouler des planches
d'impression dans une pâte argileuse pour
en tirer des empreintes de métal. Il faut
l'entendre lui-même décrire la réunion de
ces procédés et leur résultat. « Une plan-
» che, composée en lettres mobiles par la
» méthode des imprimeries ordinaires, lui
» servoit à faire une empreinte dans une
» terre grasse, ramollie, mêlée de plâtre,
» et apprêtée avec une colle gélatineuse

Mém. ma-
nuscrit. de
1792.

C 4

» formée de sirop de gomme et de fécule
» de pomme de terre. Cette empreinte de-
» venoit une matrice dans laquelle une
» composition de plomb , d'étain et de
» bismuth, pressée dans le moment du re-
» froidissement , donnoit des tables qui
» exprimoient en relief les caractères de
» l'imprimerie qui avoient servi à faire la
» matrice ». De quelques autres endroits
du même mémoire d'Hoffmann , on peut
induire qu'avant de verser le métal en
fusion sur les masses d'argile, il échauf-
foit ces masses dans une étuve pour prévenir un refroidissement du métal trop
prompt et inégal; il pouvoit aussi chauffer
la truelle dont il se servoit pour brasser
le métal et l'étendre. Au lieu du mélange
qu'il avoit précédemment indiqué pour composer sa masse argileuse , il paroît qu'il
employoit quelquefois l'argile mêlée de
blanc d'Espagne, ou de craie de Cham-
pagne. J'ai vu des moules qui avoient servi
à Hoffmann ; leur couleur étoit blanchâtre,
il y avoit beaucoup ou de gypse ou de craie,
et il faisoit ordinairement plusieurs moules
pour une même page, parce qu'il étoit exposé
à en perdre , soit qu'ils se déformassent dans

la dessiccation, soit qu'ils se rompissent lorsqu'on y versoit le métal en fusion.

La planche ou table qui sortoit de ce moule, avoit environ deux lignes d'épaisseur à la partie saillante des caractères. Il la découpoit tout autour du carré de la page, il enlevoit même le fond de la page aux espaces vides que le texte laissoit entre les parties séparées par des titres ; et au moyen de quelques clous d'épingle, il fixoit la planche de métal découpée sur une planche de bois de noyer équarrie, d'environ un pouce de hauteur. Ces caractères, ainsi moulés, avoient la même hauteur que les planches composées de caractères mobiles ont ordinairement dans les imprimeries.

Hoffmann imprima, par ce procédé, plusieurs feuilles de son journal polytype, et il a annoncé, comme un livre polytypé, les *Recherches historiques sur les Maures*, par De Chénier (père), qui ont paru en 1787, en trois volumes in-8°. Après un examen attentif de ces volumes, je pense qu'à l'exception des tables qui sont à la fin de chaque volume, le surplus a été polytypé. Une des raisons qui me le font croire, c'est l'attention qu'on a eue de marquer au pied de chaque page, soit du *recto*, soit du *verso*, le volume auquel elle appartenoit : précaution hors d'usage et inutile dans les impressions ordinaires. Dans le cours de l'édition de cet ouvrage, Hoffmann joignit à un cahier du journal polytype, deux épreuves de la page 69 du premier volume des *Recherches sur les Maures*, l'une imprimée avec une planche polytypée, l'autre imprimée avec des caractères mobiles, afin que l'on pût comparer le résultat des deux opérations. Dans la même vue, je joins à ce mémoire une épreuve de la planche qui m'a été confiée; elle forme la page 8 du tome III des *Recherches sur les Maures*. Je n'ai pas besoin d'entrer dans le détail des défauts que cette épreuve présente à la vue : il est facile d'apercevoir que plusieurs caractères ne ressemblent pas au caractère primitif qui a servi à former le creux dans le moule.

Tels étoient les procédés mis en usage par Hoffmann pour l'imprimerie dans le genre des caractères fondus.

A l'égard des procédés dans le genre de la gravure ou de la taille douce, voici ce

plaine, qui, dans bien des endroits, à quinze ou
vingt lieues de profondeur de l'eft à l'oueft.

Provinces de l'Empire de Maroc.

On ne peut pas donner une idée exacte de la
pofition géographique de l'empire de Maroc,
puifqu'on ne peut pas voyager dans les provinces
de l'intérieur, où les Maures ne font point habi-
tués à voir des Européens : d'ailleurs les recherches qui occupent notre curiofité pourroient devenir fufpectes à ces peuples ; indifférens fur tout,
ils connoiffent à peine eux-mêmes l'étendue de
leurs provinces, qui varie felon l'intérêt & la
volonté du Prince, la faveur des Gouverneurs,
ou telles autres circonftances qui tiennent au
moment.

Pour donner une idée de cet Empire, je parlerai de fes provinces maritimes, que j'ai par-
courues dans prefque toute leur longueur ; comme
elles bordent cette côte, elles intéreffent plus que
celles qui font dans l'intérieur, dont je parlerai
après.

La province la plus feptentrionale eft celle de
Garet, fur les bords occidentaux de la Mulluvia,

qu'il en dit dans le mémoire manuscrit que j'ai déja cité. Le même métal dont il se servoit pour couler sur ses moules d'argile étant susceptible de rendre, à l'aide d'une pression forte, les empreintes les plus délicates, « il avoit trouvé moyen de faire
» des planches qui portoient en creux,
» comme une gravure, l'écriture ou les
» dessins faits sur une table de cuivre très-
» polie, la moindre épaisseur qu'avoient
» laissée les traits qu'il avoit formés *avec*
» *une couleur terrestre*, lorsqu'à l'instant
» du refroidissement la planche de cuivre
» étoit pressée sur le métal composé. La
» planche formée de ce métal pouvoit s'im-
» primer dans la presse à rouleau, comme
» toute autre gravure ». Hoffmann con-
vient que ce genre de gravure lui présen-
toit des difficultés, et il paroît qu'il en a fait peu d'usage.

Il avoit fait connoître le résultat de ces procédés dès l'année 1784. Un écrit signé Le Roi (de l'Académie des sciences), en date du 13 mars 1784, contient ce qui suit :

« Nous étant rendus chez M. Hoffmann,

» M. le président de Sarron, M. Bailly
» et moi, ce matin à onze heures et demie,
» nous avons écrit chacun une phrase sur
» une planche de cuivre qu'il nous a don-
» née, avec de l'encre noire qu'il nous a
» fournie. Nous lui avons remis ensuite
» cette planche avec ces phrases écrites
» dessus, à midi seize minutes ; à midi
» trente minutes il nous a remis cette plan-
» che, dont il s'étoit servi pour en faire
» une autre planche propre à imprimer ces
» phrases, et nous avons effacé l'écriture
» ou ces phrases de la première planche ;
» à midi quarante-cinq minutes il nous a
» rapporté une épreuve tirée de nos phrases,
» que nous mettons sous les yeux de l'Aca-
» démie. »

L'épreuve est jointe à la note que je viens
de transcrire. Il est manifeste que la planche
qui a servi à imprimer étoit une planche
creusée à la manière de la gravure en taille
douce. L'écriture est reconnoissable et li-
sible ; seulement elle est telle que la donne
une encre épaisse et bourbeuse.

Je trouve joint à la même note deux
épreuves d'écriture blanche sur un fond

noir. Cela a encore été exécuté par le moyen d'une planche de métal. Les traits blancs qui représentent l'écriture sont fort nets et bien conformes à une écriture courante. Rien n'indique les procédés employés par Hoffmann pour conserver ces traits blancs sur un fond noir. Il y a une autre page, format in-4°., qui porte en tête une figure, et pour titre : *Héliopt du chevalier de Sornay, pour connoître les longitudes en mer.* Les caractères ressemblent à ceux de nos imprimeries ; mais ils paroissent avoir été tracés à la main, et polytypés pour en obtenir une planche creuse, dans le genre de la gravure en taille douce. L'impression a été certainement faite avec une planche de métal, au moyen de la presse de graveur.

A la fin de l'année 1784., Hoffmann composa un *Prospectus du journal polytype des sciences et des arts*, dans lequel il annonçoit que, si le public répondoit à son empressement, la livraison du journal commenceroit au premier janvier 1785. Ce prospectus existe sous deux formats ; savoir, un feuillet petit in-fol. et deux feuillets format in-8°.

Dans le premier format, les caractères ressemblent à ceux d'impression ; dans le second, ce sont des caractères d'écriture. Je crois que dans le premier, les lettres capitales qui composent le titre et le premier mot (dont la première lettre est une lettre grise), ont été frappées, et que les autres lettres, aussi bien que toutes celles du second format, ont été tracées à la main avec une encre qui s'est durcie, et qui a formé des traits creux dans la contre-planche, laquelle me paroît avoir été d'étain.

Hoffmann père et fils avoient dès lors obtenu, pour quinze années, un privilége exclusif *de graver en creux et en relief* (1), *par les procédés d'un art nouveau ;* et au mois de janvier 1785, ils obtinrent le privilége pour leur journal : mais bientôt ils éprouvèrent des contradictions de la part des imprimeurs en taille douce. Prévoyant alors qu'ils en éprouveroient également de la part des imprimeurs en caractères, ils s'adressèrent au garde-des-sceaux, de Miroménil : ils sollicitèrent de lui un privilége

____

(1) Voyez ci-après, page 50, à la note.

d'imprimeur ordinaire, sous le titre dis-
tinctif d'*imprimerie polytype*.

Sur le mémoire des Hoffmann, le garde-
des-sceaux consulta plusieurs magistrats,
Le Noir, Laurent de Villedeuil ; et lorsqu'ensuite le conseiller d'état Vidaud de la
Tour fut chargé des affaires de la librairie,
le garde-des-sceaux le chargea , par une
lettre du 17 août 1785 , conjointement avec
Ch. Cl. de Flahaut de la Billarderie d'An-
giviller, de faire l'expérience du procédé
des Hoffmann, et de recevoir d'eux un mémoire dans lequel seroit consigné le secret
de leur découverte , pour être tenu cacheté
et déposé au greffe du conseil.

Les deux commissaires se transportèrent
chez les Hoffmann le 27 septembre 1785 ,
et le premier octobre suivant ils adressèrent
leur procès-verbal au garde-des-sceaux. Les
Hoffmann leur avoient d'abord fait voir
différentes épreuves *en écriture , en musique , gravure et imprimerie , ainsi qu'une
partie des préparations dont ils s'étoient
servis pour les obtenir.* On avoit fait ensuite
la lecture du mémoire , qui avoit paru ren-
fermer d'une manière assez claire pour être
parfaitement saisie , tous les procédés des

Hoffmann et la description des choses qui
entroient dans leurs différentes préparations. Enfin les Hoffmann présentèrent une
planche de métal, sur laquelle les commissaires écrivirent trois lignes avec une plume
ordinaire et une encre préparée; quelques
momens après on leur présenta des épreuves
de leur écriture, telle qu'ils l'avoient tracée
sur la planche de métal.

. Le conseiller d'état Vidaud de la Tour
joignit à l'envoi du procès-verbal une lettre
dans laquelle il rendoit compte au garde-
des-sceaux de ses observations personnelles
sur les procédés des Hoffmann. En voici
le sommaire.

« L'art polytype des Hoffmann est encore
» bien loin de sa perfection ; mais il est
» susceptible de l'acquérir. Il s'exerce sur
» l'écriture, sur la gravure, sur l'impri-
» merie.

» Pour répéter l'écriture, il faut abso-
» lument se servir de l'encre que préparent
» les Hoffmann ; il faut écrire sur une
» planche de métal. Sur du papier, l'écri-
» ture faite avec l'encre préparée, ne peut
» pas se répéter.

» Sa gravure, comme dessin, est la partie

» la moins avancée : de la plus belle planche
» gravée, on obtient à peine de répéter
» un dessin imitant la gravure en bois.
» Mais, comme musique, elle pourra de-
» venir fort utile et faire tomber le prix
» des gravures : c'est le point le plus per-
» fectionné, et il peut gagner encore.

» Quant à l'imprimerie, je doute (dit
» le commissaire) que jamais on parvienne,
» par ce procédé, à obtenir des caractères
» aussi nets que ceux dont on se sert dans
» les superbes éditions que nous avons ac-
» tuellement, attendu que ce ne sont que
» des contre-épreuves qui doivent naturel-
» lement perdre de la pureté de l'épreuve;
» mais, d'un autre côté, on a la facilité
» de se procurer, avec un petit nombre
» de caractères, la multiplication à l'infini
» de toutes sortes d'ouvrages (1). »

____

(1) Il existe joint aux pièces que je cite, 1° une feuille
de musique portant en titre : *DOMINE SALVUM*,
motet à trois voix, *par J. F. Gossec*, et à la fin,
écrit par Douville et multiplié par le polytype. L'é-
preuve a été tirée d'une planche où les traits étoient en
creux. Elle ressemble bien à une pièce qui auroit été,
comme je l'ai précédemment observé, écrite avec une
encre bourbeuse. 2°. Une autre épreuve d'une page in-fol.
intitulée : *Tableau généalogique et chronologique*

Le résultat du compte rendu au garde-des-sceaux, fut l'expédition d'un arrêt du conseil du 5 décembre 1785, qui autorisa la nouvelle imprimerie d'Hoffmann; un second arrêt du conseil, du premier novembre 1787, la supprima. Cet arrêt avoit été précédé d'une apposition de scellés, faite par ordre du Roi, le 25 septembre 1787, sur les portes des ateliers. Lors de la levée des scellés par le commissaire Berton le 13 octobre 1787, Hoffmann fils et Jean-André Caillard, ce dernier se disant cessionnaire, pour partie, du privilége accordé par l'arrêt du 5 décembre 1785, s'opposèrent à ce que les syndics de la li-

des compagnies de commerce établies en France par lettres - patentes. L'écriture y est en général plus nette, mais quelquefois aussi elle est foiblement rendue. Les procédés paroissent être toujours les mêmes, et avoir pour base l'écriture avec une encre préparée, sur planche de métal.

Enfin j'ai trouvé parmi les mêmes pièces une épreuve de seize vers (le premier, _Un maître ivrogne dans la rue_), tirée sur papier très-fort, et sur laquelle est écrit à la main, _Premiers essais en relief._ Ce sont des caractères d'écriture tracés primitivement à la main, et qui paroissent en effet le résultat d'une planche qui les portoit, non pas en creux, mais en relief.

brairie, présens à la levée des scellés, fussent introduits dans *l'atelier secret*. On
n'eut point égard à leur demande : les syndics restèrent présens à toutes les opérations,
mais la description des objets renfermés
dans les divers ateliers, n'indique rien qui
soit capable de faire connoître le secret des
Hoffmann. Cette description énonce beaucoup de planches polytypées ou solides,
montées sur des ais ; et elle énonce aussi
beaucoup de planches composées de caractères mobiles, à la manière ordinaire. Elle
apprend encore que les Hoffmann se li-
vroient à l'impression de quelques écrits
du genre de ceux qu'on appeloit alors *pro-*
hibés. Je n'ai rien aperçu d'ailleurs dans
le procès-verbal de lévée de scellés, qui
soit capable de donner aucun renseignement
sur les divers genres de polytypage dont
les Hoffmann s'occupoient.

Quels qu'eussent été les véritables motifs
de ce second arrêt, Hoffmann se plaignit
fortement du tort qu'il lui avoit causé ;
il n'abandonna point la recherche des
moyens de perfectionner ses procédés typographiques, et on le verra proposer en
1792 des vues nouvelles : mais, dans cet

Voy. ci-
après p.55.

intervalle, j'ai à rendre compte d'autres faits.

L'annonce fastueuse qu'Hoffmann avoit faite de ses découvertes, et le mystère dont il les environnoit, stimulèrent la curiosité et l'industrie. On retrouva les procédés imaginés dans le genre de la gravure, ou bien l'on employa des procédés analogues. Bulliard, auteur de la *Flore française*; Lhéritier, membre de l'Institut, ont polytypé de cette manière. Pierres, qui avoit donné en 1773 la description du *Salluste* de Ged, avoit essayé, dès cette époque, de couler de la matière de caractères dans des moules de sable : il m'a remis un petit essai de seize lignes, commençant par les mots *art de la peinture*, dont le résultat n'étoit pas bon. Il continua ses expériences, et il m'a montré une planche coulée en cuivre sur sable en 1787, qui est une page du roman de *Zélie dans le désert*. Elle commence : *En avançant toujours*. Les caractères qui ont servi pour former le moule sont un *cicéro gros œil* ; la plupart sont venus à la fonte très-bien marqués, mais ils ont perdu toute l'élégance de caractères propres et purs. L'épreuve que j'ai sous

Voy. ci-devant pag. 22. à la note.

En avançant toujours, fans découvrir le
plus léger indice de ce que nous cher-
chions, nous nous entretenions du plaifir
que nous aurions tous à nous voir réunis
dans ce bois, quand même nous devrions
y paffer nos jours. Hélas! je n'aurois point
defiré d'autres biens. C'étoit auffi le vœu
de ma chère compagne qui croyoit ne
pouvoir plus reparoître dans le monde, &
qui par conféquent ne fouhaitoit que d'en-
fevelir fa honte dans ce défert où la bonté
de fes amis auroit pu encore lui faire trouver quelque douceur.

Le jour étoit près de finir, & notre efpé-
rance avec lui, quand nous arrivâmes dans
un canton du bois, qui nous parut cultivé
avec foin. Des routes frayées & prefque
tirées au cordeau, des cabanes faites avec
des branchages, éparfes çà & là, & l'herbe
foulée tout autour, nous indiquèrent l'ha-
bitation de quelques animaux apprivoifés,
dont les maîtres ne devoient pas être éloi-
gnés. Cette découverte nous arrêta. Il eft
sûr, difions-nous, qu'il y a ici quelques
de regrets de n'avoir point été averti de
cet affreux événcment. Il nous affura qu'il
auroit couru au fecours de fes compa-
triotes. « Car nous dit-il, Mefdames, en
» s'interrompant, je fuis Français comme
» vous; & par conféquent trop heureux de
» pouvoir vous offrir tout ce que je pof-

Hist. et procédés du Polytypage et de la Stéréotypie, par
A. G. Camus, *pag. 52.*

lès yeux est pâteuse ; beaucoup de caractères paroissent surchargés d'encre , tandis que d'autres n'en ont pas assez ; ce qui indique que , dans la planche moulée , les lettres étoient inégales de hauteur.

Il a été question de ces essais de Pierres dans deux lettres imprimées au *Journal de Paris*, avril et mai 1786 ; l'une d'Hoffmann , *page 482 du journal ;* l'autre de Pierres , *page* 502.

A peine Hoffmann avoit-il fait son annonce , que Pingeron , mécanicien habile , écrivit sur ce sujet une lettre (1) dans laquelle on doit remarquer deux parties distinctes, relatives chacune à l'un des deux procédés d'Hoffmann. Dans la première partie , il propose de composer une masse de talc , plâtre , argile , tripoli de Venise , sable des fondeurs , capable de recevoir nettement une empreinte ; d'enfoncer dans cette masse une planche composée avec des caractères mobiles , et de couler dans le moule ou planche creuse de la matière de caractères. Il résulteroit , dit-il , de cette fonte , des

______

(1) Publiée dans le *Mercure de France* , 25 mars 1786.

tables très-minces, auxquelles on donneroit la plus grande solidité en les doublant : les éditions deviendroient perpétuelles, et on économiseroit singulièrement les frais du papier, parce qu'on ne tireroit qu'à mesure des demandes. Dans la seconde partie de sa lettre, Pingeron s'exprime en ces termes : « Je suis dépositaire depuis plus de trente » années, d'un procédé par lequel on peut » multiplier prodigieusement les écritures » en très-peu de temps ; mais l'abus qu'on » en pourroit faire m'a engagé à le tenir » secret. Le peu de volume de l'appareil, » le silence dans lequel on peut opérer, » contribueroient beaucoup à tromper la » vigilance de tous ceux qui sont chargés » de veiller au bon ordre. »

Il est manifeste que, dans la première partie de sa lettre, Pingeron dévoiloit le procédé d'Hoffmann. Aussi celui-ci le traita-t-il avec assez d'humeur dans une feuille de son journal polytype ; il y affirme que les idées dont Pingeron avoit fait part au public n'avoient aucun rapport avec les procédés de lui Hoffmann.

N° VII, pag. 129.

La lettre de Pingeron est réimprimée dans le *Traité élémentaire de l'imprimerie*, ou *Manuel de l'imprimerie*, par Momoro, ouvrage publié en 1793, mais que l'auteur assure avoir écrit dès 1785. Il y donne aussi la composition d'un sable propre à recevoir l'empreinte des caractères, ou autres choses semblables. « L'ouvrage se » tire, dit-il, fort net sur ce sable, qui » souffre, sans se rompre, plusieurs fu- » sions ». La base de sa composition est du spath d'Allemagne, bien recuit et bien broyé avec de l'eau dans laquelle on a dissous une livre de sel ammoniac sur deux pots. Momoro observe avec raison que plus le jet est long, plus l'ouvrage est net.

Au mot *Polytypage*, p. 293.

Rochon saisit les procédés d'Hoffmann sous un point de vue particulier, la facilité de composer un grand ouvrage avec un très-petit nombre de caractères d'imprimerie. Les caractères qu'il s'étoit procurés pour travailler à sa machine à graver étoient en si petite quantité, qu'il ne pouvoit composer que quatre lignes d'impression (1). « Lorsque ces quatre lignes étoient » composées (c'est Rochon lui-même qui

Voy. ci-devant pag. 33.

______

(1) On ne doit pas perdre de vue qu'à cette époque la presse n'étoit nullement libre, et que, pour as-

» parle) , j'en prenois l'empreinte sur du
» plâtre fin mêlé de poussière de charbon.
» Ce moule me servoit à tirer plusieurs
» copies en fonte des quatre lignes que
» j'avois composées..... Le moule doit être
» bien sec, et une pression légère sur le
» métal, lorsqu'il est dans l'état pâteux ;
» est utile pour obtenir une bonne planche.
» Il en faut sept ou huit pour faire une
» page in-8°. Je puis assurer que ce pro-
» cédé n'est ni long ni embarrassant. Il
» offre des moyens commodes de correc-
» tions et d'additions (1). »

Rochon présenta un essai de ses procédés

surer l'exécution des réglemens prohibitifs , il y avoit
d'autres réglemens qui ne permettoient pas qu'on pût
acquérir à sa volonté des caractères, une presse ou
autres ustensiles d'imprimerie. La découverte du
moyen de multiplier les exemplaires d'un écrit, sans
aller dans l'atelier d'un imprimeur, étoit une conquête
sur le despotisme ; et cet avantage excitoit d'une part
le zèle pour les découvertes, mais de l'autre il rendoit le gouvernement très-contraire à leur propagation
et à leur succès : on ne tardera pas à en voir un
exemple.

(1) *Mémoire sur la typographie*, inséré dans le
Journal de physique, brumaire an 7 , p. 375.

Mr. Hoffman a trouvé une Mèthode d'Imprimer
qui m'a paru offrir plusieurs Avantages considèra-
les. l'œconomie du papier est sans-doute, le plus
précieux de tous ces avantages. un Auteur, qui ne
peut jamais fçavoir au-juste, le nombre d'Exemplaires, dont fon ouvrage est fusceptible, fe trouve
privé du fruit de fes travaux, par des frais, & des
avances de papier & d'impreffion, qui le mettent
tou-jours, dans la dépendance abfolue des libraires.
Le Moyen d'imprimer, dont nous allons donner la
description, n'aura aucun de ces inconvèniens: les
feules Avances qu'il faudra faire, font 1° le falaire
du Compofiteur: 2° l'Achat du Plomb & du régu-
le d'Antimoine, pour former les planches, qui doivent fervir au tirage de l'Ouvrage. Ces Frais font
va-évitables; mais a-lors, les auteurs ne feront plus
dans la dépendance des libraires, pour l'impreffion
& pour la vente de leurs ouvrages, puif-que toutes
les planches qui fervent au tirage. leur appartien-
dront en propriété.

Stéréotypie. Page 57.

à l'Académie des sciences le 8 février 1786. J'ai non seulement des épreuves de cet essai, mais j'ai la planche même, dont je joindrai des épreuves à ce mémoire : il faut que l'on puisse comparer les résultats des tentatives dont je rends compte. La planche, qui donne une épreuve de la grandeur d'une page in-8º. étoit composée de cinq parties : il en manque une, celle qui contenoit le titre ainsi disposé :

ESSAI D'IMPRIMERIE

Présenté à l'académie royale des sciences le 8 de février 1786, par M. l'abbè ROCHON.

Les quatre autres parties contiennent chacune cinq lignes de discours. L'épaisseur du plomb est d'un centimètre ou quatre lignes, à la hauteur de l'œil de la lettre. Ces planches de métal sont établies sur une planche de bois de noyer de dix lignes, c'est-à-dire, un peu plus de deux centimètres de hauteur ; elles n'y sont pas fixées par des clous d'épingle, ainsi que Hoffmann le pratiquoit ; elles sont enchâssées dans une petite bordure de bois clouée sur la planche de bois, qui retient très-serrées toutes les portions de la planche de métal. Hoffmann n'auroit pas pu employer ce moyen, parce que sa planche coulée étoit trop mince. Rochon trouvoit dans son procédé l'avantage de diminuer le nombre des planches ou semelles de bois, parce que chacune d'elles pouvoit recevoir successivement différentes planches de métal.

Ce ne fut pas seulement à Paris que les annonces d'Hoffman excitèrent l'émulation. Quelques cahiers de son journal polytype étant tombés entre les mains de Joseph Carez, imprimeur à Toul (1), celui-ci fut

----

(1) Le citoyen Carez avoit été nommé en 1791, par le département de la Meurthe, à la première législature ; il y fut membre du comité des assignats. Il étoit en l'an 9 sous-préfet à Toul, et il y est mort la même année. Ce que je vais dire sur ses éditions stéréotypes est tiré d'une lettre du citoyen Charles Caffarelli, préfet du département de l'Ardèche, au citoyen Picot La Peyrouse, membre de l'Institut national, en date du 12 frimaire an 9 ; d'une autre lettre que le citoyen Carez m'a écrite à moi-même le 15 nivose an 9, et de diverses pièces authentiques qu'il m'a envoyées. On voit par les dates de ces lettres qu'elles

frappé des avantages que ,les nouveaux procédés pouvoient apporter , et en 1785 il
commença ses premiers essais d'éditions
qu'il appeloit *omotypes , pour exprimer la
réunion de plusieurs types en un seul.*

Carez avoit pour amis , dans la ville
qu'il habitoit, Caffarelli, aujourd'hui préfet du département de l'Ardèche , et Curel,
alors capitaine du génie , en résidence à
Toul , actuellement général de brigade et
directeur des fortifications. Ils furent l'un
et l'autre les témoins de ses travaux ; ils

·sont postérieures au temps où j'ai lu mon mémoire à
l'Institut. Je ne connoissois pas alors les tentatives et
les succès du citoyen Carez. Mon confrère Picot La
Peyrouse m'en ayant donné les premières indications ,
je l'ai prié de me procurer de plus amples renseignemens. Il les a obtenus du citoyen Caffarelli ; j'en ai
obtenu moi-même du citoyen Carez , et j'ai pensé que
c'étoit un devoir d'ajouter à mon mémoire la découverte du citoyen Carez. Je n'avois d'abord rendu compte
que des résultats , en laissant sous le voile du silence
plusieurs détails de procédés contenus dans la lettre
du citoyen Caffarelli, parce que le citoyen Carez m'avoit
marqué qu'il se réservoit de les exposer lui-même. Depuis la mort du citoyen Carez, je n'ai plus de motif
de celer ce que le citoyen Caffarelli a expliqué dans
sa lettre.

y prirent le plus grand intérêt, mais ils ne l'aidèrent que par leurs encouragemens. Ses premiers essais consistèrent à former des moules en plâtre ; il imprima ensuite ses planches, composées en caractères mobiles, dans du métal chaud ; il essaya successivement le plomb, l'étain, l'alliage que l'on compose pour les caractères d'impression. Tantôt la matière trop chaude attaquoit les caractères ; tantôt elle ne se détachoit qu'avec peine des boëtes où on l'avoit versée. Souvent les caractères étoient mal formés, et toujours on éprouvoit une peine extrême pour séparer la planche des caractères mobiles de celle qui recevoit l'empreinte en creux.

Un habitant de Toul, possesseur de quelques médailles, le citoyen Thouvenin, s'amusoit quelquefois à en tirer des empreintes. Carez pense qu'il pourra faire l'application des procédés de Thouvenin à l'exécution de ses projets ; il le va trouver, et il remarque que Thouvenin obtient des empreintes parfaitement nettes au moyen d'un coup sec qu'il donne avec un marteau sur une bille d'étain posée sur la médaille : il en conclut que la vivacité du coup décide de la netteté de l'empreinte.

De retour à son atelier, Carez imagine de frapper un coup vif à l'aide d'un bloc de bois attaché à une bascule qu'il laissera tomber sur le métal dans lequel il voudra recevoir l'empreinte de sa planche. Mais il falloit de plus trouver le point de fusion convenable pour que l'empreinte fût reçue, conservée, et que le métal qui l'avoit reçue pût se détacher de la planche qui l'avoit donnée : Carez y réussit, mais après des tâtonnemens longs et multipliés.

Toute la machine étoit en train ; les résultats étoient satisfaisans : un accident survint. Les caractères ne parurent plus aussi nets ; les creux étoient inégaux. Incertain des causes de cet accident, Carez devenoit inquiet sur le succès de ses procédés, lorsqu'il s'aperçut que les coups réitérés et violens du bloc suspendu à la bascule sur le bloc qui portoit le métal en fusion, commençoient à enfoncer le plancher d'une cave existante sous l'atelier. Carez fit élever un pilier qui s'appuyoit sur le sol de la cave, et la netteté des empreintes commença à reparoître.

Voici donc en résultat, et avec les expressions mêmes du citoyen Caffarelli, les
procédés qu'il déclare avoir vu mettre en
pratique par le citoyen Carez.

« La page que l'imprimeur veut se pro-
» curer est composée à l'ordinaire, en ca-
» ractères mobiles. Après avoir été vérifiée
» avec la plus scrupuleuse attention, elle
» est renfermée dans un châssis de fer ,
» garni de vis qui serrent parfaitement le
» caractère. Dans cet état, elle est attachée
» à l'envers sur un bloc de chêne suspendu
» à une bascule de fer au-dessus du pilier
» dont il a été parlé. Sur ce pilier, et
» immédiatement au-dessous de la planche
» qu'il faut avoir en creux, on place un
» carton mince, frotté d'huile, et dont les
» bords sont un peu relevés. L'ouvrier prend
» dans un fourneau placé tout proche, de
» la matière de caractères qu'il vide dans
» la barque de carton. Il attend que cette
» matière se couvre d'un léger nuage qui
» annonce son refroidissement. On laisse
» tomber la bascule, et la planche s'im-
» prime en creux. Le tout est détaché du
» bloc ; les deux planches se séparent avec
» facilité ; la nouvelle est examinée scru-

» puleusement; l'ouvrier ébarbe ce qui en
» a besoin, abat les bords, et de suite
» attachant cette nouvelle planche sous le
» mouton, il la laisse tomber sur de nou-
» velle matière, qui fournit une planche
» en relief qui doit servir à l'impression.
» Elle est examinée, ébarbée, nétoyée avec
» soin. Ses bords sont abattus, en laissant
» cependant au haut et au bas une prise
» pour y placer une vis. La planche est
» réduite, par le moyen d'un rabot, à une
» épaisseur déterminée qui n'est guère que
» d'une ligne au-dessous de l'œil du ca-
» ractère. Dans cet état, si on veut s'en
» servir, elle est attachée, par le moyen
» des vis dont on a parlé, sur un morceau
» de planche parfaitement dressé, et on
» imprime à l'ordinaire. »

En 1786, Carez exécuta, par les procédés qui viennent d'être décrits, l'édition
d'un livre d'église noté, en deux volumes
grand in-8° de plus de 1000 pages chacun,
et successivement il imprima de la même
manière, vingt volumes de liturgie ou
d'instructions à l'usage du diocèse. De
retour chez lui, après la première législature, il termina, dans le même genre, un

dictionnaire de la fable et une bible en caractères *nompareille*. On est surpris avec quelle netteté des caractères aussi petits et aussi serrés ont été rendus par la voie du stéréotypage. Je joins à ce mémoire l'impression d'une page de la bible. Je l'ai fait tirer sur l'une de plusieurs planches de différens livres que Carez m'a envoyées.

Deux pièces authentiques, qui m'ont été adressées par ce citoyen , constatent , dès l'époque de 1787 , la réalité et le succès de ses découvertes. La première est un procès-verbal des officiers municipaux de la ville de Toul. Carez les avoit priés de nommer des commissaires pour constater le résultat de ses procédés. Les commissaires nommés à cet effet le 7 septembre 1787 , rapportent au corps municipal , « qu'étant arrivés dans l'imprimerie de » Carez, il les a priés de choisir, parmi » ses livres, telle page qu'ils jugeroient » à propos. Le choix fait , la page a » été composée de suite par Carez, en » caractères mobiles, et imprimée en la » manière usitée . . . Carez a ensuite pro- » cédé, suivant sa nouvelle méthode , à la » confection de la même page : et dans

Cum autem descendisset de monte, se[c]
eum turbæ multæ :

2. *a* Et ecce leprosus veniens, adorab
dicens : Domine, si vis, potes me n
[a *Marc.* 1. 40. *Luc.* 5. 12.]

3. Et extendens Jesus manum, tetigit e
cens : Volo : mundâre. Et confestim mun
lepra ejus.

4. Et ait illi Jesus : Vide, nemini di
sed vade, ostende te sacerdoti, & offe[r]
quod præcepit Moyses, in testimonium
Levit. 14. 2.]

5. *a* Cùm autem introisset Capharnaüm,
ad eum Centurio, rogans eum, [a *Luc.* 7

6. Et dicens : Domine, puer meus jace
mo paralyticus, & malè torquetur.

7. Et ait illi Jesus : Ego veniam, & curab

8. *a* Et respondens Centurio, ait : D[o]
[...] sum [...] ntres sub [...]

Cum autem descendisset de monte, secutæ sunt eum turbæ multæ :

2. *a* Et ecce leprosus veniens, adorabat eum, dicens : Domine, si vis, potes me mundare. [a *Marc.* 1. 40. *Luc.* 5. 12.]

3. Et extendens Jesus manum, tetigit eum, dicens : Volo : mundâre. Et confestim mundata est lepra ejus.

4. Et ait illi Jesus : Vide, nemini dixeris : *a* sed vade, ostende te sacerdoti, & offer munus quod præcepit Moyses, in testimonium illis. [a *Levit.* 14. 2.]

5. *a* Cùm autem introisset Capharnaüm, accessit ad eum Centurio, rogans eum, [a *Luc.* 7. 1.]

6. Et dicens : Domine, puer meus jacet in domo paralyticus, & malè torquetur.

7. Et ait illi Jesus : Ego veniam, & curabo eum.

8. *a* Et respondens Centurio, ait : Domine, non sum dignus ut intres sub tectum meum ; sed tantùm dic verbo, & sanabitur puer meus. [a *Luc.* 7. 6.]

9. Nam & ego homo sum subpotestate constitutus, habens sub me milites, & dico huic : Vade, & vadit ; & alii : Veni, & venit ; & servo meo : Fac hoc, & facit.

10. Audiens autem Jesus miratus est, & sequentibus se dixit : Amen dico vobis, non inveni tantam fidem in Israel.

11. *a* Dico autem vobis, quòd multi ab Oriente & Occidente venient, & recumbent cum Abraham, & Isaac, & Jacob in regno cœlorum. [a *Malac.* 1. 11.]

12. Filii autem regni ejicientur in tenebras exteriores : ibi erit fletus, & stridor dentium.

13. Et dixit Jesus Centurioni : Vade, & , sicu credidisti, fiat tibi. Et sanatus est puer in illa horâ.

14. Et cùm venisset Jesus in domum Petri, vidit socrum ejus jacentem, & febricitantem.

15. Et tetigit manum ejus, & dimisit eam febris, & surrexit, & ministrabat eis.

16. *a* Vespere autem facto, obtulerunt ei multos dæmonia habentes ; & ejiciebat spiritus verbo : & omnes malè habentes curavit. [a *Marc.* 1. 32.]

17. Ut adimpleretur quod dictum est per *a* Isaiam prophetam, dicentem : Ipse infirmitates nostras accepit, & ægrotationes nostras portavit. [a *Isai.* 53. 4. *I. Pet.* 2. 24.]

18. Videns autem Jesus turbas multas circum se, jussit ire trans fretum.

19. Et accedens unus Scriba, ait illi : Magister, sequar te, quòcumque ieris.

20. Et dicit ei Jesus : *a* Vulpes foveas habent, & volucres cœli nidos : Filius autem hominis non habet ubi caput reclinet. [a *Luc.* 9. 58.]

21. Alius autem de discipulis ejus ait illi : Domine, permitte me primùm ire, & sepelire patrem meum.

22. Jesus autem ait illi : Sequere me, & dimitte mortuos sepelire mortuos suos.

23. *a* Et ascendente eo in naviculam, secuti sunt eum discipuli ejus. [a *Marc.* 4. 36. *Luc.* 8. 22.]

24. Et ecce motus magnus factus est in mari, ita ut navicula operiretur fluctibus ; ipse verò dormiebat.

25. Et accesserunt ad eum Discipuli ejus, & suscitaverunt eum, dicentes : Domine, salva nos, perimus.

26. Et dicit ei Jesus : Quid timidi estis, modicæ fidei ? Tunc surgens, imperavit ventis & mari ; & facta est tranquillitas magna.

27. Porro homines mirati sunt, dicentes : Qualis est hic, quia venti & mare obediunt ei ?

28. *a* Et cùm venisset trans fretum in regionem Gerasenorum, occurrerunt ei duo habentes dæmonia, de monumentis exeuntes, sævi nimis, ita ut nemo posset transire per viam illam. [a *Marc.* 5. 1. *Luc.* 8. 26.]

29. Et ecce clamaverunt, dicentes : Quid nobis & tibi, Jesu fili Dei ? Venisti huc ante tempus torquere nos ?

30. *a* Erat autem non longè ab illis grex multorum porcorum pascens. [a *Marc.* 5. 11. *Luc.* 8. 32.]

31. Dæmones autem rogabant eum, dicentes : Si ejicis nos hinc, mitte nos in gregem porcorum.

32. Et ait illis : ite. At illi exeuntes abierunt in porcos, & ecce impetu abiit totus grex per præceps in mare : & mortui sunt in aquis.

33. Pastores autem fugerunt : & venientes in civitatem, nuntiaverunt omnia, & de eis qui dæmonia habuerant.

34. Et ecce tota civitas exiit obviàm Jesu : & *a* viso eo rogabant ut transiret à finibus eorum. [a *Luc.* 8. 37. *Marc.* 5. 17.]

CAPUT IX.

Paralyticus. Matthæi vocatio. Responsum Pharisæis & discipulis. Baptistæ datum. Hæmorrhoyssa. Puellæ mortua vita, cæcis duobus visus, & dæmoniaco muto loquela & sanitas reddita.

Et ascendens in naviculam, transfretavit, & venit in civitatem suam.

2. *a* Et ecce offerebant ei paralyticum jacentem in lecto. Et videns Jesus fidem illorum, dixit paralytico : Confide, fili : remittuntur tibi peccata tua. [a *Marc.* 2. 3. *Luc.* 5. 18.]

3. Et ecce quidam de Scribis dixerunt intrà se : Hic blasphemat.

4. Et cùm vidisset Jesus cogitationes eorum, dixit : Ut quid cogitatis mala in cordibus vestris ?

5. Quid est facilius, dicere : Dimittuntur tibi peccata tua ; an dicere : Surge, & ambula ?

6. Ut autem sciatis quia Filius hominis habet potestatem in terra dimittendi peccata, tunc ait paralytico : Surge, tolle lectum tuum, & vade in domum tuam.

7. Et surrexit, & abiit in domum suam.

8. Videntes autem turbæ timuerunt, & glorificaverunt Deum, qui dedit potestatem talem hominibus.

9. Et *a* cùm transiret inde Jesus, vidit hominem sedentem in telonio, Matthæum nomine. Et ait illi : Sequere me. Et surgens, secutus est eum. [a *Marc.* 2. 14. *Luc.* 5. 27.]

10. Et factum est, discumbente eoin domo, ecce multi publicani & peccatores venientes, discumbebant cum Jesu, & discipulis ejus.

11. Et videntes Pharisæi, dicebant discipulis ejus : Quare cum publicanis & peccatoribus manducat Magister vester ?

12. At Jesus audiens, ait : Non est opus valentibus medicus, sed malè habentibus.

13. Euntes autem discite quid est : *a* Misericordiam volo, & non sacrificium. Non enim veni vocare justos, *b* sed peccatores. [a *Osee* 6. 6. *Infr.* 12. 7. | b *I. Tim.* 1. 15.]

14. Tunc accesserunt ad eum discipuli Joannis, dicentes : *a* Quare nos, & Pharisæi, jejunamus frequenter : discipuli autem tui non jejunant ? [a *Marc.* 2. 18. *Luc.* 5. 33.]

15. Et ait illis Jesus : Numquid possunt filii sponsi lugere quamdiu cum illis est sponsus ? Venient autem dies cùm auferetur ab eis sponsus : & tunc jejunabunt.

16. Nemo autem immittit commissuram panni rudis in vestimentum vetus : tollit enim plenitudinem ejus à vestimento, & pejor scissura fit.

17. Neque mittunt vinum novum in utres veteres ; alioquin rumpuntur utres, & vinum effunditur, & utres pereunt. Sed vinum novum in utres novos mittunt, & ambo conservantur.

18. *a* Hæc illo loquente ad eos, ecce princeps unus accessit, & adorabat eum, dicens : Domine, filia mea modò defuncta est : sed veni, impone manum tuam super eam, & vivet. [a *Marc.* 5. 22. *Luc.* 8. 41. 42.]

19. Et surgens Jesus, sequebatur eum, & discipuli ejus.

20. *a* Et ecce mulier, quæ sanguinis fluxum patiebatur duodecim annis, accessit retro, & tetigit fimbriam vestimenti ejus. [a *Marc.* 5. 25. *Luc.* 8. 43.]

21. Dicebat enim intrà se : Si tetigero tantùm vestimentum ejus, salva ero.

22. At Jesus conversus, & videns eam, dixit : Confide, filia ; fides tua te salvam fecit. Et salva facta est mulier ex illa horâ.

» l'espace d'un quart-d'heure , il a pré-
» senté aux commissaires une planche de
» métal fondu , d'une ligne et demie d'é-
» paisseur , de cinq pouces sept lignes de
» longueur , dont l'épreuve ayant été faite
» et comparée avec celle en caractères mo-
» biles , elle leur a paru au moins de la
» même perfection. »

L'autre pièce, en date du 17 octobre 1787,
est une lettre par laquelle *Thiebault, chef
des bureaux de la librairie ,* sous Vidaud
de la Tour, conseiller d'État , répondant
à une demande de Carez , s'exprime en ces
termes : « J'ai le plaisir de vous annoncer
» que M. le garde-des-sceaux vous permet
» d'imprimer sur planches fondues, et selon
» les procédés de votre invention ; en vous
» recommandant toutefois de tenir secrets ,
» jusqu'à nouvel ordre , les moyens que
» vous employerez , et d'instruire exacte-
» ment , dans la suite , l'administration
» des succès de vos nouvelles épreuves. »

Ce que je viens d'exposer assure au citoyen Carez une des premières places parmi
les artistes qui ont fait des tentatives heureuses dans la stéréotypie.

Nous touchons maintenant à l'époque

où les progrès de l'art de la stéréotypie, employé à la fabrique des assignats, se multiplieront et se succéderont rapidement; mais afin de ne pas en interrompre le récit, lorsque je l'aurai commencé, je vais encore, et pour la dernière fois, parler des travaux d'Hoffmann. Privé de son imprimerie par l'arrêt du conseil de 1787, il cherchoit à ouvrir une nouvelle route à son industrie.

Voy. ci-devant, p. 38, note 1.

« Les procédés qu'il avoit mis en usage » ne lui donnoient d'autre avantage (j'emploie ses expressions dans le mémoire » qu'il adressa au ministre de l'intérieur » en 1792) que d'obtenir des éditions permanentes. Mais, comme avant de faire » ses tables polytypes, il avoit la dépense » de faire composer et de corriger à la manière des imprimeries ordinaires, il ne » résultoit point d'économie de ce genre » d'impression, et même [il en résultoit] » une augmentation de dépense qui n'étoit » pas toujours compensée par la facilité de » conserver l'édition ». Hoffmann voulut imaginer un moyen plus prompt que l'imprimerie ordinaire pour produire des planches solides.

Il commença par se former deux genres
de types ou poinçons pour faire l'empreinte
des caractères dans ses moules. La première classe de types étoit des lettres simples prises parmi les caractères de fonte en
usage dans le commerce ; la seconde classe
étoit de mêmes lettres, mais réunies pour
former les syllabes qui sont le plus fréquemment en usage dans la langue fran-
çaise ; telles que *ais*, *etre*, *eurs*, *ment*, etc.
La réunion de plusieurs lettres en un seul
type lui donnoit la facilité d'enfoncer ,
par un seul mouvement, plusieurs lettres,
dont, autrement, chacune auroit exigé un
mouvement particulier pour en obtenir l'empreinte (1). Au moyen de cette réunion, sa

____

(1) L'idée de réunir plusieurs lettres en un seul
type, pour former les syllabes les plus communes
dans une langue, et pour accélérer par ce moyen là
composition typographique , n'étoit pas une chose
nouvelle à la date de 1792. Dès 1776 on avoit imprimé à l'imprimerie de la République un petit volume
in-4° qui porte les deux titres suivans : « Nouveau
» système typographique dont les expériences ont été
» faites en 1775 , aux frais du Gouvernement, par
» Don Francisco Bartelli de Saint-Paul, ancien se-
» crétaire du protectorat de France en cour de Rome » ;

E 2

casse étoit composée de trois cent soixante-
dix cassetins. Il appeloit l'art de mouler
ses types, l'*art du polytype* ; et celui de
réunir plusieurs caractères en un seul type,
l'*art du logotype.*

Chacun des types, soit simples, soit mul-
tiples, étoit enchâssé dans un bloc de cuivre
qui, par sa coupure et ses entailles, donnoit la facilité de le placer à angle droit
sur la motte destinée à former le moule, de
l'enfoncer perpendiculairement et à une
profondeur déterminée. Hoffmann avoit
préparé de la même manière, un couteau

---

et « Nouveau système typographique, ou moyen de
» diminuer de moitié, dans toutes les imprimeries
» de l'Europe, le travail et les frais de *composition*,
» de *correction* et de *distribution*, découvert en
» 1774, par madame de *** ». Postérieurement à
l'édition de ce nouveau système, Henri Johnson a
publié en anglais une *Introduction à la logographie,*
ou l'*Art de composer avec des mots entiers, des ad-*
ditions initiales et finales, au lieu de simples lettres.
L'annonce de cet ouvrage a été imprimée dans le
Journal polytype d'Hoffmann pour 1786, partie des
sciences utiles, n° XIV, p. 237, et de là dans l'*Esprit*
des journaux, août 1786, p. 77. On y voit que Johnson
ne date ses premiers essais que de 1778.

ou rabot propre à faire dans l'argile une tranchée avant d'y enfoncer les lettres, et d'enlever ainsi l'excédent d'argile qui auroit embarrassé l'œil de la lettre.

La motte composée d'argile, telle qu'elle a été précédemment décrite, étoit tassée dans un châssis de cuivre sur lequel glissoit, à volonté, une règle mobile pareillement de cuivre.

Voy. ci-devant pag. 39.

La règle étant placée à la hauteur de la première ligne, on faisoit glisser le long de la règle le couteau qui traçoit l'espace de la ligne. On prenoit ensuite chaque type que le discours à imprimer demandoit, et on l'enfonçoit dans l'argile en ayant soin de le tenir appuyé contre la règle, et de manière qu'au moyen de l'entaille dans laquelle la règle s'engageoit, l'empreinte fût toujours droite et semblable. C'étoit ainsi qu'Hoffmann évitoit les frais d'une première composition en page, et pouvoit, avec trois cent soixante-dix types seulement, composer les planches nécessaires à l'impression d'un volume.

Hoffmann s'étoit aperçu de la difficulté d'obtenir des formes également saillantes et pures dans toutes leurs parties, lorsqu'il versoit du métal chaud sur le moule , ou lorsqu'il appuyoit , avec la force de la main seule , le moule sur le métal chaud. Voici ce qu'il dit à ce sujet en 1792.

« On doit considérer les moules ou ma-
» trices des planches comme des cachets
» dont on veut tirer des empreintes en cire
» d'Espagne. Des cachets de la grandeur
» d'une page in-8º seroient trop grands pour
» pouvoir en tirer des empreintes nettes ,
» même en cire , sans le secours d'un
» timbre ou presse à balancier. Il en faut
» donc aussi une ici, d'une grandeur pro-
» portionnée aux pages. Il ne s'agit plus
» que d'attacher la motte au timbre , comme
» un sceau , en la mettant dans un châssis
» qui déborde la planche d'environ une
» demi - ligne de hauteur, et lui forme un
» cadre. Le timbre ainsi disposé , il faut
» avoir du métal composé de plomb ,
» d'étain et de bismuth. On obtient du
» succès avec différentes compositions de
» ce mélange. Le métal fondu , et suffi-
» samment refroidi dans la cuiller pour
» qu'une carte à jouer qu'on y trempe ne
» brûle pas, se verse sur un gros carton
» placé devant le timbre ; alors il est en-

» core pleinement fluide. Avec une truelle
» très - mince, de cuivre, on le travaille
» en remettant sans cesse les parties des
» bords dans le milieu, afin qu'il se refroi-
» disse également ; et lorsque le tout est
» dans l'état d'une cire à cacheter prête à
» recevoir un cachet, on pousse le carton
» sous la presse, et l'on fait jouer le timbre
» qui, d'un seul coup, forme une planche
» solide, portant exactement l'empreinte
» du moule de terre. Le moment de la
» pression, et celui du refroidissement
» total, doivent se faire dans un seul ins-
» tant indivisible ; et cela dépend de savoir
» choisir le moment déterminé dans le
» refroidissement progressif du métal. »

Hoffmann terminoit par cette observation : « La découverte dont je réclame la
» propriété se trouve dans l'idée de me
» servir de types au lieu de caractères (1),
» et de former avec ces types (simples et
» complexes) une chose équivalente à ce
» que les fondeurs en caractères appellent

______

(1) Hoffmann se seroit exprimé avec plus de clarté
s'il avoit dit, *de me servir de caractères d'imprimerie
en guise de poinçons, pour empreindre.*

E 4

» des frappes ou matrices, dans lequelles
» ils fondent leurs lettres ; d'avoir aussi
» substitué à la fonte qui ne peut produire
» des planches aussi exactes, la pression
» du métal au moment d'un certain degré
» du refroidissement. C'est l'application de
» ces deux méthodes nouvelles, tant à l'im-
» primerie qu'à beaucoup d'autres arts (1),
» qui est due à mon invention, et que je
» réclame comme ma propriété. »

Une note, écrite sur une des expéditions du mémoire d'Hoffman, que j'ai entre les mains, m'apprend qu'il fut accordé à Hoffmann, le 16 février 1792, un brevet pour exercer, pendant quinze années, *l'art polytype et logotype*, brevet qu'il céda à Jean-Daniel Saltzmann, par acte du 24 novembre 1792, chez Laquiante, notaire à Strasboug.

D'autres artistes, après Hoffmann, continuèrent à faire des tentatives sur les pro-

____

(1) Hoffmann propose en effet, dans son mémoire, d'exécuter par le même procédé des dessins pour l'impression des toiles ou étoffes, et des cartes de géographie ; mais ce seroit sortir de mon objet que d'entrer dans les détails de ces autres parties.

cédés du polytypage par la gravure, et ils y joignirent aussi des essais de stéréotypage. L'un de ceux qui méritent d'être cités est le citoyen Gengembre, aujourd'hui ingénieur mécanicien de la monnoie. Il fit ses premiers essais en 1789 ; il les interrompit à la fin de 1791 , époque où il s'embarqua pour l'Amérique. Dans quelques parties il travailla seul ; dans d'autres, il opéra en société avec Herhan, son beau-frère. Lorsqu'il eut quitté la France pour voyager en Amérique, on conserva une partie de ses procédés, et on en perfectionná l'exécution : il en est d'autres qu'on ne connut pas, et qui auroient pu être également employés avec fruit (1).

Le premier procédé mis en usage par cet artiste avoit pour objet d'obtenir, d'après un simple dessin ou d'après une page d'écriture , une planche gravée que l'on pût employer à la manière des planches gravées en taille - douce. Gengembre préparoit de l'æthiops martial avec du colco-

____

(1) Ce que je vais dire est le résultat d'une conférence que les citoyens Gengembre et Herhan ont bien voulu avoir avec moi.

thar , et le broyoit avec de l'huile de lin très - pure. Il se servoit de cette liqueur pour dessiner ou écrire. Il laissoit la liqueur commencer à se sécher à froid ; ensuite , pour achever la dessiccation et opérer la cuisson de l'huile de·lin , il posoit la planche de cuivre sur un réchaud allumé , observant que la planche ne reçût pas assez de chaleur pour perdre son poli. Dans ses premiers essais , Gengembre imagina , pour recevoir l'impression des traits marqués en relief sur cette planche , de verser dans une caisse de papier, du métal allié de plomb et d'étain. Lorsque le métal commençoit à se figer , il y couchoit sa planche de cuivre , et faisoit glisser cet appareil sous le rouleau d'une presse de graveur en taille-douce. La pression imprimoit soit l'écriture soit le dessin en relief dans le métal au moment où il se refroidissoit ; il en résultoit une planche gravée en creux , avec laquelle on imprimoit à la manière des graveurs en taille-douce. Après ces premiers essais , Gengembre contracta une société avec Herhan, et ils continuèrent leurs travaux, tant avant le départ de Gengembre pour l'Amérique, que depuis son retour. Au lieu d'æthiops minéral , ils broyèrent quelquefois avec l'huile de lin de l'émeril ou de la terre de Cologne (1). Le plus grand changement qu'ils apportèrent à leur procédé fut quant à la pression ; ils ne conduisirent plus leur métal sous le rouleau de la presse à graveur ; mais lorsqu'ils opérèrent sur le métal chaud , ils employèrent une pression perpendiculaire. On versoit de l'étain dans une caisse de papier un peu plus grande que la planche de cuivre qui portoit le dessin ; il se formoit sur l'étain une pellicule qu'on enlevoit. L'étain étant clair comme une glace , et au point de se congeler, on couchoit sur sa surface la planche portant le dessin , et on l'appuyoit au moyen d'une presse à vis (2).

____

(1) Espèce d'ochre. Voyez le Dictionnaire de Valmont de Bomare.

(2) J'entends une presse dont l'agent est une vis qui descend dans un écrou, telles que celles qui servent pour monnoyer, pour appliquer des timbres, des sceaux , etc. Je ne dis pas presse à balancier, afin qu'on ne croie pas qu'il faille employer un balancier dont l'extrémité des leviers est chargée de masses pesantes , et qu'on fait agir ordinairement par l'impulsion d'une secousse. Il faut au contraire ici, soit que

C'est d'une planche gravée par ce procédé qu'a été tirée une épreuve jointe à cet écrit dans le troisième volume des Mémoires de l'Institut ; elle représente un génie monté sur un lion et une corne d'abondance.

Gengembre et Herhan opérèrent également à froid, et ils obtinrent sur une planche de cuivre doux, le creux du dessin ou de l'écriture tracée avec la liqueur dont j'ai donné la composition sur une planche de cuivre durci par l'alliage et le marteau ; ce fut au moyen du laminoir. Les deux planches étant placées entre les rouleaux du laminoir, le cuivre doux cède à l'impression des reliefs que porte l'autre planche, et retrace ces mêmes reliefs en creux. C'est l'épreuve d'une planche de ce genre, représentant un enfant endormi, que je joins à ce mémoire (1).

---

la presse soit mise en mouvement par un balancier, ou qu'elle le soit par un simple levier, un mouvement doux et uniforme auquel on donne toute l'intensité possible, mais sans secousse.

(1) Ceci n'est que l'application plus parfaite des moyens déja employés par Franklin et par Rochon (Voyez ci-devant, page 33). Dans le journal des *Défenseurs de la patrie* pour le 4 messidor an VIII,

Une seconde opération du citoyen Gengembre, opération que je n'hésite pas à
qualifier de découverte, fut la multiplication des planches pour la gravure en taille
douce. Le résultat étoit d'obtenir d'une
seule planche gravée en creux plusieurs
planches également gravées en creux, toutes
identiques. Voici de quelle manière cet
artiste y parvint. Il fit graver une tête,
c'étoit celle de Cérès, sur une planche
d'acier. Après la gravure exécutée, l'acier
fut trempé. Il prépara une planche de cuivre
durci par l'alliage d'un seizième de platine
(dans la suite il se servit également de cuivre

---

n°. 1645, on lit à l'article de Suède, sous la date
du 10 prairial, l'annonce suivante :

« Un ingénieur constructeur, nommé Bouck, a
» trouvé et soumis à l'Académie des Sciences une ma-
» chine à écrire, par laquelle on peut tirer à la fois
» plusieurs copies, et sur différens formats, d'un même
» écrit. »

Cet énoncé me paroît indiquer un procédé différent de ceux dont j'ai parlé, et entièrement étranger au
genre de la gravure en creux. Vraisemblablement le
procédé de Bouck consiste à adapter à un moteur
plusieurs plumes qui parcourent chacune leur espace
sur des directions semblables, mais de grandeur inégale.

durci par tout autre alliage et par l'écrouissage). La planche de cuivre posée sur la
planche d'acier étant soumise à l'action
d'une presse à vis, il obtint en relief sur le
cuivre les traits gravés en creux sur l'acier.
Il disposa des planches de cuivre rosette
bien recuit, et après les avoir couchées
sur la planche de cuivre dur , il fit passer
les deux planches réunies entre les rouleaux du laminoir, en prenant toutes les
précautions nécessaires pour que la pression fût parfaitement égale. Ce procédé lui
donnoit autant de planches , ou saillantes
ou en creux, qu'il pouvoit desirer. Gengembre communiqua son procédé à Herhan
et à Meunier ; nous verrons bientôt l'usage
que l'on en fit dans la fabrication des assignats.

Le citoyen Gengembre imagina de nouveaux procédés pour la fabrication des
billets que la caisse patriotique distribuoit
en 1791. Appelé par les administrateurs
de cette caisse pour exécuter, aux moindres
frais possibles , des billets qu'il fût difficile
de contrefaire , il employa d'abord son premier procédé , réuni au procédé d'Hoffmann
pour le stéréotypage. Le corps du billet

étoit imprimé en planches polytypées à la
manière d'Hoffmann , par Potier de Lille
qui avoit travaillé avec Hoffmann. Les
signatures originales , après avoir été
données sur une planche de cuivre avec
la liqueur composée d'æthiops minéral ,
étoient polytypées par Gengembre , et imprimées à la manière de la taille douce : ainsi
ces premiers billets devoient passer sous
deux presses différentes. Lorsque la caisse
patriotique émit ses billets de cinquante
sous , à la date du 14 juillet 1791 , Gengembre inventa son troisième procédé , absolument nouveau. La grandeur du billet
étoit de 98 millimètres sur 53 (3 pouces 7
lignes de long sur 2 pouces de large) ; il
fit graver en relief , par Moisson et Frièze ,
sur un seul carré d'acier , la totalité du
contexte et les ornemens du billet. Toutes
les lettres et les ornemens étoient liés (1).

––––––––––––––––

(1) Le motif qui avoit déterminé Gengembre à lier
tous les caractères étoit de désespérer les contrefac-
teurs par l'impossibilité presque absolue de ne pas
faire une faute dans la construction de leur billet.
Lorsque les caractères ou les ornemens sont isolés,
le contrefacteur , soit qu'il grave en acier ou en

La gravure exécutée, la trempe donnée,
le carré fut enfoncé par la pression d'un
balancier dans une masse durcie par l'alliage
de la platine. Des tables d'un alliage de
plomb avec un peu d'étain, couchées sur
la matrice et soumises à l'action du balancier, prenoient (à froid) les mêmes reliefs
que le poinçon original d'acier ; elles étoient
dressées sur le revers, attachées sur un
morceau de bois équarri, et placées sur le
marbre de la presse pour être imprimées
par les procédés ordinaires. C'est ainsi qu'ont
été faits les billets de 5o sols émis par la
caisse patriotique. On pouvoit obtenir, avec
la matrice de cuivre, autant de planches
ou formats en plomb que l'on vouloit, et il
en fallut un assez grand nombre, parce que
la matière n'étant pas suffisamment dure,

---

bois, recommence facilement une pièce qu'il a manquée,
et la réunit au surplus de son travail. Dans un billet
où tout est lié par des traits sensibles, mais déliés,
si le graveur a, sur quelque point que ce soit, enlevé
par un coup porté à faux, la matière qui devoit
fournir à la liaison, le billet entier devient inutile,
et il faut le recommencer. Les chevilles dont se
servent quelquefois les graveurs en bois, réussiroient
mal quand il ne faut présenter qu'un simple trait.

s'écrasoit sous les coups de la presse d'impression.

Toutes ces tentatives, et beaucoup d'autres qui avoient été le fruit des premières, vinrent se réunir et se fondre dans la grande entreprise de la fabrication des assignats. Ce seroit un recueil curieux et intéressant que celui des essais, des expériences, des procédés en divers genres, qui ont été employés par les artistes pour la fabrication des assignats. Une puissance à laquelle rien ne résistoit, ordonnoit ; les hommes de la plus grande réputation dans les sciences et les arts étoient appelés ; quiconque imaginoit un moyen nouveau pour perfectionner la fabrication, l'accélérer, et rendre les assignats inimitables, étoit entendu, et ses propositions étoient mises à l'essai. La dépense n'entroit point en considération, parce qu'on avoit la faculté de créer soi-même les fonds que l'on dépensoit. La rapidité de la marche formoit seule un obstacle capable d'empêcher le succès ; mais cette rapidité étoit compensée par la facilité de multiplier les moyens. La fabrication des assignats a été l'occasion d'un grand nombre d'expériences et de découvertes heureuses sur

F

la fabrication du papier , sur le méchanisme de l'imprimerie , sur l'encre à employer , sur la gravure et la trempe des carrés et des poinçons. La mémoire de ces découvertes ne sera vraisemblablement pas perdue; quant à moi , je dois me borner aux deux objets que j'ai entrepris de traiter : polytypage dans le genre de la gravure en taille douce ; stéréotypage dans le genre de l'imprimerie en caractères. Pour rendre plus sensible le but auquel les artistes tendoient par leurs essais dans ces deux genres , il faut remonter à la première fabrication des assignats , et aux vices que l'expérience ne tarda pas à y faire remarquer.

Les premiers assignats , décrétés par l'assemblée constituante en 1790 et 1791 , furent imprimés par Anisson , directeur de l'imprimerie du Louvre ; les seconds le furent par Didot l'aîné. Pour rendre la contre-façon des premiers plus difficile , on avoit voulu qu'ils portassent l'effigie du roi , gravée en taille douce ; le surplus étoit imprimé en caractères ordinaires. Le nombre des exemplaires étoit trop considérable pour qu'une seule planche imprimée , et à plus forte raison une seule planche gravée , pussent servir à les tirer tous.

On demanda à Saint-Aubin , graveur célèbre , trois cents planches de cuivre portant le médaillon de la tête du roi. Anisson , et après lui Didot , firent composer autant de planches ou *formats* qu'ils crurent en avoir besoin pour imprimer. Les assignats furent répandus dans le public ; on ne tarda pas à les contrefaire. L'examen des assignats contrefaits et des procédés employés pour y parvenir, démontra que le premier contre-facteur d'assignats étoit le Gouvernement lui-même , puisque, hors la première planche dont on se servoit , toutes les autres n'étoient que des imitations et des copies plus ou moins fidèles. Un artiste que j'ai déja nommé, Gengembre , proposa le premier, à l'occasion des 800,000,000 d'assignats créés en 1790 , de parer à ces inconvéniens. Dans un mémoire imprimé et distribué à l'assemblée constituante, il avertit que les épreuves de la gravure en taille douce ne seroient jamais identiques si l'on étoit obligé de se copier une seule fois. Il demandoit qu'on lui livrât le papier pour les 3,060,000 billets qui étoient à imprimer, et il s'obligeoit à fournir le nombre quelconque de planches nécessaires à la gra-

F 2

vûre en taille douce, *lesquelles seroient
en toute rigueur identiques.* Elles seront
gravées, disoit-il, par un procédé *chimico-
méchanique particulier*, absolument étranger à la main du graveur, qui ne burinera
qu'une seule planche. Il promettoit également qu'après avoir fait faire les signatures
à la main, *sur quelques planches d'un
métal particulier*, un petit nombre de ces
planches lui serviroit à transmettre sur
toutes ces planches de taille douce les
signatures, lesquelles, dans l'épreuve,
paroîtroient en blanc, et seroient, *rigou-
reusement et identiquement*, les signatures
qu'on auroit tracées sur les planches matrices (1).

Les propositions de Gengembre ne furent
pas accueillies; mais les conséquences dan-
gereuses d'une multitude de planches semblables et non identiques, devinrent plus
sensibles à proportion de ce qu'on multi-
plioit les assignats. La législature qui suivit
l'assemblée constituante, s'occupa sérieu-
rieusement de remédier aux inconvéniens

____

(1) Il est aisé de reconnaître, malgré l'obscurité
répandue à dessein sur la proposition, les procédés déja
trouvés par Gengembre, et décrit pages 75 et 77.

qui résultoient de la contre-façon faite par le Gouvernement. On se proposa pour but un objet principal et d'autres objets accessoires.

L'objet principal fut d'obtenir que toute une émission d'assignats fût imprimée avec des formes et des planches non pas imitées et semblables, mais *identiques*, ce qui ne pouvoit avoir lieu qu'autant que ces formes seroient toutes le produit méchanique d'un poinçon ou matrice unique, multiplié autant de fois que le nombre des exemplaires à imprimer l'exigeroit.

Les objets accessoires étoient de diminuer le danger de la contre-façon, en employant, pour la fabrication des assignats, des procédés ou très-difficiles à imaginer et à réunir, ou très-coûteux; d'accélérer l'impression, en n'employant qu'une même presse, quoique l'assignat portât taille douce et impression sur caractère saillant; de numéroter les assignats à la presse même, et de manière que les numéros se succédassent sans qu'on fût obligé de mettre la main à la planche; d'insérer dans le papier des marques tantôt plus claires, tantôt plus épaisses; d'appliquer sur les assignats un

F 3

timbre sec plus ou moins compliqué, etc.

Un rapport fait à la legislature par le comité des assignats, le 4 février 1792 (1), donne une idée de l'état des premières tentatives. Le comité déclare qu'il avoit accueilli tous les artistes qui lui avoient présenté des procédés ingénieux : et déja l'on avoit obtenu deux points importans, l'un relatif à la frappe des matrices des caractères, l'autre relatif à la multiplication des planches en taille douce.

Sur le premier point, les graveurs en caractères, accoutumés à ne faire leurs poinçons que pour représenter une lettre ou simple ou double, regardoient comme une grande difficulté de graver, sur un seul poinçon, un mot entier d'une certaine étendue, à plus forte raison plusieurs mots dont tous les caractères fussent liés ; de frapper avec ce poinçon une matrice dont le creux fût parfaitement égal, et d'y fondre des caractères. Le citoyen Gérard, graveur en caractères, réussit parfaitement à vaincre

____

(1) Voyez le dans le *Moniteur*, n° 36, feuille du 5 février, et dans le *Logographe*, n° 128, feuille du 6 février.

cette difficulté (1). Le citoyen Gatteaux, graveur en médailles, ne tarda pas à graver des poinçons d'acier qui portoient des ornemens d'une assez grande étendue : il en tiroit, au moyen de la presse à balancier, de bonnes matrices en acier ou en cuivre.

Sur le second point, la gravure en taille douce, on se saisit de la découverte faite par Gengembre pour polytyper les planches gravées en creux. Fiezinger, auteur d'une collection de portraits des membres de l'assemblée constituante, fit des essais de gravure en taille douce sur l'acier (2); et par les procédés que j'ai décrits page 77, on obtint des planches identiques.

Un second rapport du comité des assignats atteste la continuité de ses recherches pour

____

(1) Voyez le *Logographe*, n° 193, feuille du 11 avril. Le citoyen Gengembre avoit été bien plus loin, comme on l'a vu page 79, dans l'exécution du billet de 5o sous émis par la caisse patriotique; mais alors il étoit absent, et sans doute on n'avoit pas, en ce moment, connoissance des procédés employés pour la fabrication de ce billet.

(2) Mémoire manuscrit remis par Meunier au comité des assignats, le 6 janvier 1792.

en avancer le perfectionnement. Il avoit appelé, entre autres savans, un homme célèbre, Meunier, de l'Académie des sciences; mais le comité décéloit en même temps un grand obstacle au succès de ses travaux. Les membres qui le composoient déclaroient qu'il auroit été à desirer que leur comité fût composé d'hommes instruits dans la partie des arts qu'on y traitoit; mais que le comité n'avoit pu apporter, dans le travail qui lui avoit été confié, que son zèle; et qu'il avoit été obligé de consulter les différens artistes qui s'étoient présentés, afin de s'éclairer lui-même (1). Peu de temps avant la fin de ses séances, la législature rendit un décret portant établissement d'un atelier général où tous les travaux de la fabrication des assignats seroient réunis. La maison des Capucines fut destinée à cet établissement. La Convention le soutint de toute sa puissance. Sans entrer dans le détail des variations qu'il éprouva d'abord, j'indiquerai seulement l'époque où il eut une consistance stable et fixe. Ce fut lors-

______

(1) *Moniteur*, n° 155, feuille du 3 juin 1792, et *Logographe*, feuille du 4 juin 1792, n° 247, p. 641.

qu'une loi du premier mars 1793 institua, pour la fabrication des assignats, quatre agens publics ; savoir , l'archiviste national , un directeur des artistes , un directeur de l'imprimerie et un inspecteur du timbrage. Le directeur des artistes est le seul qui intéresse ici. Le citoyen Guillot avoit été nommé par le Gouvernement ; sa nomination fut confirmée le 27 mars par la Convention. Ses fonctions étoient de surveiller tous les travaux relatifs aux poinçons , gravures , ornemens typographiques et machines à timbrer (1).

Sans doute dans le grand nombre d'artistes qui furent rassemblés pour concourir à la fabrication des assignats , et parmi les savans que l'on appela pour être consultés , quelques-uns eurent l'avantage , soit de concevoir les premiers certaines idées , soit d'indiquer les moyens les plus propres à les exécuter : mais il seroit difficile de reconnoître ce qui appartient privativement à chacun dans des travaux dont la plupart furent le résultat de conférences et d'efforts

____

(1) Le citoyen Guillot est aujourd'hui fabricant de papier à Buges et Langlée près Montargis.

communs. Je vais donner, d'après des pièces authentiques, le nom des artistes employés dans les parties de la gravure, du polytypage, du stéréotypage, des machines qui y servoient, et le nom des savans qui furent consultés. Je n'oublierai aucun de ceux qui sont nommés dans les pièces que j'ai sous les yeux ; mais je serai très-réservé à affirmer que tel ou tel procédé est l'invention ou la découverte de tel artiste individuellement.

Artistes. Anfry, aujourd'hui inspecteur des essais à la monnoie ; Augé, méchanicien ; Bouvier, filigraniste ; Daumy ; Didot (Firmin et Henri), graveurs en lettres ; Droz, méchanicien ; Dupeyrat, Fiezinger, graveurs ; Frieze, graveur en lettres ; Gatteaux, graveur ; Gérard, graveur en lettres ; Grassal, méchanicien ; Herhan, méchanicien ; Poissault, Richer, méchaniciens ; Schantz (André) ; Tardieu, graveur ; Tugot, filigraniste.

Savans. Ceux que l'on consultoit étoient les membres de l'Académie des sciences et les membres du Bureau de consultation des arts : entre autres, les citoyens Jumelet, Bertholet, Launier, de Trouville, de Servière (connu depuis sous le nom de Reth).

Dans le nombre des essais faits en 1793, j'ai sous les yeux une petite planche de 94 millimètres de long sur 51 millimètres de large (3 pouces six lignes sur 2 pouces), qui étoit destinée à des assignats de vingt-cinq livres. La matière est annoncée comme un alliage de cuivre et d'arsenic ; elle a été fondue et moulée par Daumy l'aîné. Les reliefs de cette planche sont parfaitement terminés ; les angles et les pointes très-prononcés , tellement que , vu la dureté du métal , il auroit peut-être été difficile que le papier n'éprouvât pas des cassures. On n'a pas fait usage de cette planche (1).

Un des procédés dont on atteignit le plutôt la perfection fut le polytypage des planches à graver : j'entends la confection

---

(1) Le haut et le bas présentoient des enroulemens de feuillages avec le nombre 25. Entre ces deux lignes d'ornemens, étoit écrit, partie en lettres droites, partie en lettres penchées, mais toutes liées dans la longueur entière de la ligne :

Domaines nationaux.

Assignats

de vingt-cinq livres

payables au porteur.

d'une planche gravée en creux, seule et première originale, de laquelle on obtenoit, par la superposition d'une autre planche en cuivre, des planches en relief que l'on appeloit *poinçons - mères*, lesquelles donnoient, par un second procédé semblable, des planches gravées en creux (appelées *filles*). On imprimoit avec celles-ci comme avec autant de planches qui auroient été gravées en taille douce au burin.

On employa successivement divers procédés pour exécuter ce polytypage. Meunier s'étoit servi, pour l'assignat de 25 francs, de planches d'acier gravées par Fiezinger, qui offroient deux médaillons chacun de 12 lignes, sur un même carré d'acier : il portoit ce carré sous le balancier, et obtenoit des planches *mères* et des planches *filles*. La grandeur du carré rendoit l'opération pénible et longue. Meunier étant parti pour l'armée, Droz le remplaça. Au lieu d'un carré pour les deux médaillons, il en fit exécuter un par le citoyen Nicolet pour chaque médaillon : on en retira un poinçon d'acier en relief, et par le moyen de morceaux de cuivre adaptés dans une virole, on tira des planches en taille douce avec la même

facilité qu'on auroit frappé des jetons.
Herhan exécuta ces procédés sous les yeux
de Droz, comme il avoit exécuté les pré-
cédens sous les yeux de Meunier.

J'ai eu entre les mains, pour essai en ce
genre, la planche de cuivre saillante, et
la planche creuse de cuivre tirée de cette
planche, d'après la planche originale gravée
par Tardieu. Une tête de victoire, plus
petite, polytypée par les mêmes moyens,
a été employée sur les assignats de 2000 liv.
Tout le monde a pu remarquer sur les assignats de 400 livres, une pièce de taille douce,
gravée par Tardieu, sur le dessin de Gatteaux, dont l'objet principal est un aigle
éployé; et sur les assignats de 50 livres,
une France assise, dessinée et gravée par
les mêmes artistes. J'invite à remarquer
l'étendue de chacune de ces pièces, la dé-
licatesse des lignes, la finesse des traits,
et je pense qu'on n'apprendra qu'avec
étonnement le résultat de la déclaration
de Guillot, directeur des artistes, en date
du 2 germinal an 2, portant que, d'après
les procès-verbaux des opérations journa-
lières, Herhan, chargé du polytypage de
la taille douce des assignats de 400 livres

et de 5o livres, a polytypé, pour les 4oo liv.
huit cent quatre-vingt-dix-sept *poinçons-
mères* (en relief), quatorze cent quatre-
vingt-huit poinçons secondaires (en creux):
cent quatre-vingt-dix poinçons, au-delà
de ce nombre, ont été trouvés défectueux.
Pour les assignats de 5o livres, Herhan a
polytypé quatre mille sept cent soixante
poinçons - mères, et sept mille six cent
quatre-vingt-quatre poinçons secondaires :
onze cent quarante poinçons, tirés au-delà
de ce nombre, étoient défectueux.

Il m'est impossible de donner ici des
épreuves des gravures employées pour l'assignat de 4oo liv et pour celui de 5o liv.
parce que tous les élémens des assignats
ont été ou anéantis ou biffés, afin de prévenir l'abus qu'on en pouvoit faire : mais
je renvoie encore une fois à ce que chacun
a pu remarquer sur ces assignats. La déclaration du citoyen Guillot que je viens
de citer, prouve combien d'avantages il y
avoit à polytyper la planche originale plutôt
que de faire des milliers de copies.

Le stéréotypage des planches ou formes
en caractères saillans, pour imprimer avec
les procédés ordinaires de l'imprimerie en

lettres, éprouva plus de difficultés et exigea plus de tâtonnemens. Pour se former une idée des difficultés à vaincre dans cette partie , il y a quelques observations à faire.

1º. Il est rare qu'un moule en sable , terre ou argile , qui a reçu des impressions peu profondes, étroites et anguleuses, telles que celles de nos caractères d'imprimerie , n'éprouve pas , lors de la dessiccation, une retraite qui altère la forme des caractères.

2º. Il arrive fréquemment qu'un pareil moule se gerce et même se brise si , pour le dessécher, on l'expose à une chaleur trop active.

3º. Il est extrêmement difficile de faire pénétrer la matière en fusion dans un moule de ce genre : l'air qui remplit la cavité des lettres n'ayant point d'issue pour s'échapper, comme on peut lui en donner dans les autres pièces de fonte par les évents. C'est ce qui rend les angles obtus, et les caractères *flou*. On peut remédier à cet inconvénient, en frottant du côté de l'œil de la lettre la planche sortie du moule ; mais il faut éviter alors de trop retrancher sur la hauteur de l'œil ; et d'ailleurs si les caractères dont on s'est servi pour mouler ont de l'empattement , la planche frottée donnera une impression lourde et pâteuse.

4°. Un des moyens de forcer l'air à pénétrer dans les angles des caractères , seroit de frapper un coup ferme et prompt avec le moule sur le métal en fusion; mais comment éviter la rupture d'un moule d'argile , surtout si ses dimensions ont quelque étendue ?

5°. Un moule ou matrice de métal est susceptible d'être frappé ; mais , en premier lieu, comment obtenir cette matrice creuse? En second lieu, quels métaux choisir pour qu'ils aient la dureté convenable si l'on polytype à froid, et pour qu'ils ne s'attachent pas l'un à l'autre si l'on polytype à chaud ? En troisième lieu, quel méchanisme imaginer pour frapper un coup sec, ferme et parfaitement perpendiculaire ?

Ces difficultés principales vaincues , il restera à atteindre différens degrés de perfection , de célérité, d'économie, de simplicité, de sûreté, dont l'opération est elle-même susceptible.

La fusion du métal dans des moules d'argile , suivant le procédé d'Hoffmann , ne remplissant pas les vues des artistes, Meunier imagina un appareil pour employer les alliages fusibles dans l'eau bouillante. La matrice se trouvant plongée dans l'eau bouillante, la cavité des lettres étoit bientôt dégagée d'air : si, dans cet état, on parvenoit à couler le métal sur la matrice, il devoit s'insinuer dans toutes ses cavités; mais cet appareil étoit fort compliqué : on en a fait quelques essais, on ne l'a pas adopté pour la pratique.

Voyez ci-devant pag. 31.

Le moyen qui dut paroître le plus simple, et vers lequel les artistes dirigèrent leurs recherches, consistoit à réunir les matrices isolées de toutes les parties de l'assignat, lettres, mots, ornemens, pour former de ces parties réunies un seul tout, une matrice unique, que l'on pût *clicher* (1). On

---

(1) Cette expression, devenue fort en usage alors, étoit peu usitée auparavant; peut-être ne l'étoit-elle point du tout, car je ne la trouve pas dans les dictionnaires. Cependant quelques personnes m'ont assuré que les graveurs en médailles s'en servoient pour exprimer la frappe du plomb à la main. (Voyez ci-devant, page 27.) Peut-être vient-elle de l'allemand *Klatschen*. (Voyez page 28.) Quoi qu'il en soit,

G

prit donc les matrices de tous les caractères qui entroient dans un assignat ; on
les justifia, c'est-à-dire, qu'on réduisit l'en-

---

le mot *clicher* signifie faire tomber perpendiculairement, subitement et avec force, une matrice sur du
métal en fusion, pour retirer l'empreinte de la matrice. Le clichage opéré par les machines que l'on
emploie aujourd'hui est le point capital de la stéréotypie. C'est le seul moyen, ou au moins le moyen
le plus sûr, d'obtenir, avec les matrices d'une seule
pièce, des planches d'un relief parfait. Quant à la
réunion de plusieurs pièces pour former une matrice
au lieu de la tirer d'un carré unique, comme Gengembre l'avoit pratiqué pour le billet de la caisse patriotique, on y trouvoit alors un obstacle dans la
grandeur que la Convention vouloit donner aux assignats. « La grandeur du poinçon, disoit Gatteaux
» dans un *Aperçu sur la fabrication des assignats*,
» *publié en mars* 1793, devant répondre à l'effort
» du balancier lorsqu'on en tire la matrice, il
» ne peut guères excéder plus de 3 à 4 pouces en
» carré. » J'ai entre les mains l'épreuve d'un modèle
de timbre destiné à être réduit par le tour à portrait,
et duquel on a tiré, sous le balancier, en l'an 2, des
reliefs d'un carré gravé en creux ; il est rond, et porte
qnatre pouces de diamètre. Des ornemens occupent
l'intervalle de deux cercles concentriques : au milieu est
un triangle avec les lettres R F, et la légende *une et
indivisible.*

Voyez ci-
devant pag.
79.

Pag. 9.

foncement de toutes à la même hauteur, en frottant leur surface; on les équarrit; on les frotta aussi sur les côtés, afin de donner aux types entre eux l'approche nécessaire; et ainsi disposées, on les monta sur une semelle de cuivre ou d'acier qu'on enchâssoit dans une boîte d'acier, dont les côtés excédoient de quelques lignes la hauteur des matrices.

Les assignats de 400 livres et de 50 livres, dont la fabrication avoit été décrétée le 21 novembre et le 14 décembre 1792, furent les premiers sur lesquels on tenta ces procédés; mais il falloit trouver après cela une puissance pour porter la matrice sur la matière en fusion. La machine à polytyper (ou à clicher) fut inventée ou au moins exécutée par Grassal, à qui l'on devoit aussi l'idée de la réunion des parties de l'assignat en une seule matrice (1).

Soit une table solidement établie à la hauteur de la main. Sur le derrière de la table s'élèvent à une hauteur convenable deux pièces de bois qui laissent entre elles

____

(1) Mémoire manuscrit du citoyen Guillot, du 16 frimaire an 3.

G 2

une rainure ou canal. Une masse de bois, garnie d'une languette, peut monter et descendre le long des deux pièces de bois : elle est disposée comme le mouton à enfoncer des pilotis. A la partie inférieure de la masse de bois, perpendiculairement à son axe, est implantée une vis. La boîte qui renferme la matrice porte sur le dos un écrou ; et bientôt, en rapprochant l'écrou de la vis, la matrice adhère fermement à la masse du bois ou mouton. Le creux de la matrice est tourné vers la table au-dessus de laquelle le mouton se meut. On élève le mouton au moyen d'un cric et d'une manivelle : on pose sur la table un auget de papier fort ; on y verse du métal allié dans la proportion en usage pour les caractères d'imprimerie : on soulève alternativement les coins de la caisse pour que le métal reflue des bords vers le centre. Le métal est sur le point de se figer : une détente dégage le mouton ; il glisse dans sa rainure, tombe de tout son poids sur le métal qui se fige au même instant. La manivelle relève le mouton ; avec une lame de couteau on détache de la matrice les bords de la masse de métal : la masse entière suit, et l'on a une *planche*, un *format* qui porte l'empreinte de la matrice, parfaite, lorsque toutes les parties de l'opération ont été bien exécutées ; défectueuse, si quelque partie a manqué. On rejette ces derniers formats à la fonte ; les autres sont réservés pour servir à imprimer comme on le feroit avec des planches composées de caractères mobiles ; et il est manifeste que ces planches sont toutes identiques entre elles, puisque toutes sont les empreintes tirées d'une matrice unique.

Le but principal étoit atteint : il y avoit des accessoires de perfectionnement. La chute du mouton sur le métal en faisoit jaillir des parties brûlantes qui pouvoient blesser le fondeur. On plaça des portes de tôle qui se fermoient avant que la détente du mouton fût lâchée, et qui l'enveloppoient au moment où il arrivoit sur la table.

Les formats obtenus par le clichage avoient environ 6 millimètres ou 3 à 4 lignes de hauteur. On les soudoit sur une semelle de plomb, qui leur donnoit une hauteur convenable pour les placer sur le marbre de la presse ; mais il falloit que le

dessous du format et les faces de la semelle
fussent parfaitement bien dressés. On se
servoit à cette fin du tour. Le format étoit
placé dans un mandrin ; une échoppe portée
sur un chariot présentoit son tranchant au
dos du format, et en approchoit à un point
qu'elle ne pouvoit pas dépassser. Le tour
étant mis en mouvement, on faisoit glisser
le chariot sur une traverse, de manière que
l'échoppe parcouroit successivement tous
les points du format par des cercles concentriques qui se trouvoient exactement
au même niveau. La même opération se
faisoit sur les faces supérieure et inférieure
de la semelle. Cette manière de dresser une
surface est plus expéditive et plus sûre que
le frottement à la lime, au rabot, ou sur
une pierre, parce que la main qui agit dans
ces opérations peut appuyer plus ou moins
sur certaines parties.

Dans des temps postérieurs on a voulu
opérer une plus grande pression, lors du
clichage, par une répercussion de la table
contre le mouton. Les pieds de cette table
ont été enfoncés dans des boîtes garnies
de ressorts à boudin. La chute du mouton
comprime le ressort ; celui-ci, en se réta-

blissant, comprime à son tour le métal encore chaud contre la matrice.

Mais l'addition la plus intéressante qui ait été faite à la machine à polytyper est le *compteur méchanique*. Plus l'identité de tous les *formats* ou *planches* obtenues par cette voie étoit parfaite, plus il y avoit de danger qu'on ne parvînt à soustraire un des formats. Il falloit donc ou que des inspecteurs, hors de tout soupçon, fussent incessamment présens pendant toute la durée du polytypage, ou qu'on inventât une machine qui rendît un compte fidèle du nombre de coups que le mouton auroit frappés dans un intervalle de temps, et par conséquent du nombre de formes polytypées dans cet intervalle.

Le directeur Guillot ayant communiqué ses vues à Augé, l'un des méchaniciens attachés à la fabrication, celui-ci inventa le *compteur méchanique* (1). Les machines à polytyper étoient placées au rez-de-chaussée, assez loin de la perpendiculaire du cabinet du directeur. On établit une équerre

____

(1) Mémoire manuscrit du citoyen Guillot, du 16 frimaire an 3.

sur une branche de laquelle la tige du mouton frappoit nécessairement dès qu'elle descendoit seulement de trois pouces. La seconde branche de l'équerre communiquoit son mouvement par des chaînes à d'autres équerres successives, et mettoit définitivement en action une bascule armée d'un pied de biche. Le mouvement de la bascule faisoit tomber le pied de biche sur la dent d'une roue qui, à l'aide d'une lanterne, mettoit en mouvement une seconde roue, ayant au centre un canon garni d'une aiguille indicative marchant sur un cadran.

Chaque cadran avoit trois divisions. La première, pour les unités de 1 à 100; la seconde, pour les nombres centenaires de 1 à 1000; la troisième, pour les nombres millénaires de 1 à 50000. Les cadrans étoient placés dans le cabinet du directeur; les pièces qui servoient à transmettre aux aiguilles le mouvement du mouton, étoient enfermées dans des boîtes dont il avoit la clef. L'examen des cadrans lui apprenoit d'une manière sûre le nombre des formes dont on devoit lui faire la représentation.

C'est par les moyens que je viens de décrire que les planches et les formes des assignats décrétés par la Convention, ont été polytypées et imprimées. Les mêmes machines, les mêmes appareils ont été employés ensuite pour l'exécution des mandats territoriaux, établis par la loi du 7 floréal an 4. Ses dispositions défendoient de terminer aucun des poinçons, caractères et signes ; d'en multiplier aucun, autrement qu'en ma présence, comme garde des archives de la République. C'est en remplissant les devoirs qui m'étoient imposés par cette loi, que j'ai eu occasion de voir exécuter les procédés dont j'ai rendu compte : c'est là que j'ai conçu le plan de rassembler d'autres renseignemens sur le même sujet, et enfin d'écrire l'histoire et les procédés du polytypage et du stéréotypage.

Après la suppression des assignats et des mandats, une grande partie des élémens destinés à leur fabrication ont été détruits : cependant on a déposé, tant au Muséum des antiques près la Bibliothèque nationale, qu'au Conservatoire des machines, quelques-unes des matrices des assignats et des mandats. Elles sont tailladées de manière qu'on ne pourroit en tirer aucune empreinte en état de service ; mais on y voit la manière dont les matrices particulières de chaque caractère, ornement, signature, etc. étoient réunies et enchâssées pour former un tout. Les moutons ou machines à poly-typer ont été transportés, les uns au Conservatoire des machines, les autres à l'Imprimerie de la République ; on a adapté à celles-ci le compteur méchanique.

Le citoyen Guillot, directeur des artistes, avoit quitté cette place le 15 floréal an 3, pour se livrer à la fabrique du papier dans la papeterie de Buges. Il avoit été remplacé par le citoyen Reth. C'est sous la direction de celui-ci que j'ai vu exécuter les pièces nécessaires pour l'impression des mandats. C'est de lui, du citoyen Guillot et de divers artistes que j'ai obtenu les renseignemens dont j'ai fait usage.

La formation des matrices d'assignats ou de mandats par la réunion de matrices isolées, produisoit, comme je l'ai dit, l'effet qu'on avoit voulu obtenir ; mais c'étoit un procédé extrêmement long et très-coûteux, par la nécessité de tailler, d'ajuster et de fixer une multitude de pièces. Le citoyen Guillot avoit voulu tenter un moyen plus abrégé et moins dispendieux par l'effet d'une machine qu'il appeloit *graphitype*, et dont la machine à graver de Rochon lui avoit suggéré l'idée. Il concevoit une machine dont la puissance agissante auroit été un mouton qui auroit enfoncé les poinçons des lettres dans un seul bloc de cuivre. Il remarquoit qu'il avoit à éviter que la pesanteur du mouton n'écrasât les poinçons ; qu'il falloit obtenir un alignement rigoureux des lettres, un juste espacement : ajoutez et un enfoncement parfaitement égal, afin que, dans la planche qui sortiroit du moule, l'œil de chaque lettre fût exactement de la même hauteur. Je ne vois pas que cette machine ait été achevée, ou au moins que l'on en ait fait usage. Les procédés imaginés par le citoyen Herhan, et dont je rendrai compte dans un autre mémoire, résoudroient facilement les difficultés que le citoyen Guillot entrevoyoit dans l'exécution de sa machine *graphitype*.

Voyez ci-devant, pag. 33.

L'examen de tableaux creux, gravés au tour par le citoyen *Defrance*, exposés au Champ de Mars en l'an 6 (1), et la com-

---

(1) Voyez *Première exposition des produits de l'industrie française*, jours complémentaires an 6, page 20.

munication que cet artiste a bien voulu me donner de ses procédés, m'avoient fait imaginer que, de la même manière qu'il gravoit en creux sur le cuivre et avec la réduction qu'il jugeoit à propos, des dessins qui représentoient, par exemple, la façade d'un palais, on pourroit aussi transporter en creux, sur une planche de cuivre, la représentation d'une page écrite ou imprimée, sans qu'il fût besoin de savoir lire les lettres que l'on graveroit. Après quelques tentatives et quelques réflexions, j'ai été arrêté par une difficulté. Le tour du citoyen Defrance lui donne bien la facilité de creuser des lignes droites et des lignes circulaires d'une grandeur, d'une largeur et d'une profondeur déterminées, et de les adapter les unes aux autres ; mais non la facilité de fondre les pleins et les déliés par un passage insensible, comme cela doit être dans un C ou dans un O bien faits : du moins ne pourroit-on obtenir ce résultat qu'avec une complication de machines et une dépense de temps qui absorberoient l'avantage de l'emploi du tour à graver.

D'autres tentatives ont mieux réussi, et ont épargné la dépense de composer les matrices à polytyper de pièces de rapports, telles qu'on les a composées pour les assignats et les mandats. Les premières paroissent avoir été faites par le citoyen Gatteaux, à l'époque de la seconde loterie de maisons nationales, dont la Convention approuva le *prospectus* le 9 thermidor an 3 (1). On vouloit que les billets fussent parfaitement identiques, et la briéveté du temps ne permettoit ni de graver des poinçons ni de faire des matrices en cuivre. Gatteaux composa le texte du billet avec des caractères d'imprimerie, mobiles; il renferma cette composition dans un mandrin de cuivre, et cet appareil donna, au moyen du mouton et du métal en fusion, une matrice, et ensuite une planche en caractères saillans. Il obtint, de la même manière, la planche d'une des pages des

____

(1) Le citoyen Gatteaux s'étoit occupé de ces essais dès le mois de messidor. « Je vous invite, lui dit le » citoyen Reth dans une lettre du 19 messidor, à vous » occuper sans délai des essais que vous m'avez pro- » posés sur les moyens d'obtenir des formats solides » pour les billets de la loterie. Je desire que le 25 » au soir, vous me fassiez part du résultat de votre » travail. »

Logarithmes de Borda, qui contient plus de 3000 chiffres, et dont l'impression se faisoit alors. Mais, dans ce procédé, deux obstacles arrêtoient le succès : 1°. la grande précision nécessaire pour choisir dans les métaux un alliage et un degré de chaleur, tels que la planche froide que l'on clichoit sur le métal en fusion ne s'échauffât pas, et ne devînt pas adhérente à l'empreinte que l'on vouloit tirer ; 2°. la peine que l'on avoit à éviter absolument les soufflures dans l'empreinte que l'on obtenoit. J'ai vu les trois planches du billet de la seconde loterie ; celle qui a servi de poinçon, celle qui a formé la matrice, et le cliché ou format destiné à l'impression ; j'ai vu aussi la planche des *Tables* de Borda.

Gatteaux expose, dans un mémoire manuscrit qu'il m'a remis au mois de ventose an 6, qu'après ses premières tentatives, et cherchant à perfectionner sa découverte, il eut une conférence avec Anfry son beau-frère, aujourd'hui inspecteur des essais à la monnoie, et avec Firmin Didot, dont le résultat fut que pour éviter les souf-flures, plus difficiles encore à prévenir dans le clichage de la matrice que dans celui de la forme saillante , le moyen unique étoit d'enfoncer la planche composée de caractères mobiles , à froid , dans une planche de métal , à l'aide du balancier. La matière des caractères ordinaires d'impression paroissant trop molle pour résister à cette opération , Anfry forma un métal plus dur avec lequel on fondit des caractères pour composer une petite page. Gatteaux , ayant réuni la composition dans un cadre ou mandrin , s'en servit comme d'un poinçon , et l'enfonça , au moyen d'un balancier , dans une plaque de plomb. Cela fut exécuté le 30 brumaire an 6 , en présence de Firmin Didot , Anfry , Vannier et André. La matrice se trouva sans aucune défectuosité , et les caractères qui avoient servi de poinçon ne furent point altérés.

Le métal composé par Anfry revenoit à un prix exorbitant , eu égard au métal d'argent qu'il y avoit fait entrer. Herhan , qui travailloit avec Pierre et Firmin Didot , imagina un autre alliage infiniment moins coûteux. On répéta les essais avec les caractères formés de ce métal , et l'on réussit également.

D'après ces résultats, Louis-Étienne Herhan, Firmin Didot et Nicolas-Marie Gatteaux obtinrent, chacun de leur côté, des brevets d'invention.

Le brevet de Herhan est du 3 nivose an 6, accordé sur une pétition du 5 frimaire précédent. Le préambule du brevet énonce la description présentée de sa part, d'une nouvelle méthode de fondre des formats solides, inventée et exécutée par lui dans le courant du mois de messidor an 5. Il avoit remarqué que les planches solides fabriquées par plusieurs artistes, ne produisoient que *de seconds surmoules des types mobiles connus*, et ne donnoient que des résultats imparfaits ou dispendieux. D'après cette observation, il déclare avoir inventé un autre procédé qui consiste, 1°. à faire des caractères mobiles gravés en creux, au lieu de l'être en relief; 2°. à composer avec ces caractères des pages qui forment une matrice; 3°. à tirer de cette matrice une empreinte. Sur cet exposé, Herhan obtient brevet d'invention pour fabriquer, employer et débiter, pendant quinze années, des formats solides propres à imprimer en suivant les procédés indiqués dans la description (1).

Le brevet de Firmin Didot est du 6 nivose, pour la composition, pendant quinze années, de formats stéréotypés et des éditions en résultant (2).

Le brevet de Gatteaux est du 29 pluviose, pour cinq années. Gatteaux s'y déclare inventeur d'un procédé pour multiplier les planches de caractères mobiles en planches solides, sous la dénomination de *monotypage* ou de *caractères frappés* (3).

Peu après leur brevet obtenu, Pierre Didot (l'aîné), Firmin Didot son frère, et Louis-Étienne Herhan, ont publié un *Prospectus d'éditions stéréotypes* (4 pages in-18°.) Ils y annoncent qu'ils se sont associés et réunis à l'effet de se livrer avec plus de célérité et d'exactitude à l'emploi des nouveaux procédés pour lesquels ils ont obtenu un brevet d'invention. Ils vantent, dans leurs éditions stéréotypes, le mérite de la cor-

----

(1) Extrait sur l'original du brevet.

(2) *Bulletin des lois*, bull. 180, n⁰ 1699.

(3) Extrait du sommaire que le citoyen Gatteaux m'a remis de son brevet.

H

rection qui devra être portée au dernier
degré de perfection , parce qu'en supposant que dans les premiers tirages il se fût
glissé quelques fautes , il sera facile de les
corriger sur la planche , toujours existante ,
avant de faire un nouveau tirage. Ils propo-
sent de vendre des planches stéréotypes
propres à l'impression , soit dans le format
in-18 , soit dans le format in-12. Le premier ouvrage dont ils promettoient la publication étoit un *Virgile* in-18 , composé
d'environ 400 pages , dont ils vendroient
les exemplaires imprimés , ornés d'une carte
géographique et de vignettes , au prix de 15
sols ; et les formats pour imprimer , à raison
de 3 fr. la page ; « de manière que pour
» environ 1200 francs , on auroit à perpé-
» tuité les élémens complets des *OEuvres*
» *de Virgile* , stéréotypes , c'est-à-dire ,
» toutes composées en formats solides , et
» prêtes à être mises sous presse ». Dans
le cas où un des formats s'altéreroit ou se
perdroit , les auteurs du *Prospectus* s'enga-
gent à en fournir un autre pour le prix de
10 francs. Indépendamment de l'avantage
d'une correction plus parfaite , de celui de
pouvoir fournir les livres à un prix plus modi-

que, parce que les exemplaires n'étant tirés qu'à mesure du besoin, il ne faut ni avance de papier ni frais de magasin : les nouveaux éditeurs annoncent que si l'on venoit à perdre un volume formant partie d'une collection, ils pourront le remplacer pour le prix primitif de son acquisition, les planches subsistant toujours entre leurs mains.

La publication de ce *Prospectus* excita des observations et des critiques. Presque toutes les objections que l'on pouvoit imaginer contre les annonces des trois éditeurs, se trouvent réunies dans un écrit dont le titre est : *Réflexions d'un ancien prote d'imprimerie sur un Prospectus ayant pour titre :* ÉDITIONS STÉRÉOTYPES (1). Voici les termes dans lesquels l'auteur résume ses observations. « Je me flatte d'avoir prouvé » que cette découverte, qui a tous les » inconvéniens d'un ancien procédé aban- » donné à cause de ses imperfections (celui » d'Hoffmann), tend à faire rétrograder

______

(1) L'écrit ne porte point de nom d'auteur. On a assuré dans le temps qu'il étoit du citoyen *Stoupe*, *imprimeur-libraire à Paris*. C'est un petit cahier de 12 pages in-8o ; il est daté de l'an 7 de la République.

» l'art de l'imprimerie ; qu'elle ne peut
» jamais produire une impression aussi belle
» que celles faites avec des caractères mo-
» biles; que sans aucune utilité visible pour
» ceux qui l'annoncent, elle seroit ruineuse
» pour tous autres qui voudroient s'en ser-
» vir ». On convenoit néanmoins, page 7,
que le type des nouvelles planches *étoit
beaucoup plus net*, et faisoit espérer un
tirage moins vicieux que les planches d'Hoffmann. Le point sur lequel on insistoit le
plus étoit sur les calculs économiques,
que l'on combattoit comme absolument
faux. Je pense, à l'égard de ces calculs,
que la question dépend du genre des
livres que l'on stéréotype. S'il s'agit de
livres que l'on ne vend qu'à petit nombre
d'exemplaires, et dont les éditions ne se
réitèrent que peu de fois ou point du tout,
on se ruinera en les stéréotypant. Je suis
persuadé, au contraire, que les formats
solides présentent un bénéfice certain lorsqu'il s'agit de livres qui se débitent en grand
nombre, et pour ainsi dire à des époques
fixes, tels que les livres des auteurs qui
se lisent dans les classes.

Les trois associés continuoient leurs opérations sans s'arrêter à ces clameurs. Ils exposèrent quelques-unes de leurs planches solides au Champ de Mars, dans les jours complémentaires de l'an 6 (1). Ils avoient mis en vente dans la même année, le *Virgile* au prix, de 75 centimes (15 sols) en papier ordinaire ; ensuite ils ont publié le *Phédre*, et successivement plusieurs autres auteurs dont leur collection sera formée.

Le 6 vendémiaire an 7, j'ai été témoin, chez Pierre Didot au Louvre, et chez Herhan, de leurs procédés. Il y a deux objets dont je ne dois pas rendre compte; savoir, la composition du métal qu'ils emploient pour former la planche en caractères mobiles qui leur sert de poinçon, et celle du métal dans lequel ils enfoncent ce poinçon pour faire une matrice. Ils ne m'ont point demandé le secret sur les autres parties de leurs procédés, et je vais les exposer.

On fond en la manière ordinaire, mais avec un métal d'une composition particulière, des caractères mobiles, du corps

---

(1) *Première exposition des produits de l'industrie française*, page 18.

H 3

que l'on juge à propos. Le *Virgile*, et les autres auteurs de la collection des éditions stéréotypes, sont un peu au-dessous du *petit-texte*. On compose les planches; on fait épreuve, on corrige;-et, si l'on veut, on peut tirer à l'ordinaire des exemplaires avec ces planches. Le tirage en sera très-beau, les planches étant composées de caractères neufs, choisis et d'une matière dure. Chaque page, dégagée du châssis, est enfermée dans une boîte d'acier, où elle est comprimée de toute part et bien également arrêtée sur sa hauteur. Entre la page et les bords de la boîte est un filet de cuivre fort mince, dont la hauteur excède un peu l'œil de la lettre. Cette planche, ainsi disposée, sert de poinçon. On la couche sur une autre planche de métal, du côté de l'œil de la lettre, et on fait passer les deux planches ensemble sous un balancier, tel que celui des monnoyeurs. La pression se fait doucement : tous les caractères de la planche entrent à la fois, de manière que le métal ne refoule pas du creux d'une lettre dans celui d'une autre : le refoulement se fait en hauteur, entre les lignes et les lettres ; mais il n'est pas assez considérable pour nuire au dégagement que l'œil de la lettre demande. Le métal qui forme la matrice demande deux qualités essentielles : être susceptible de recevoir une empreinte pure et bien déterminée ; n'être sujet à aucune altération ou commencement de fusion, lorsque dans l'action du clichage il est porté sur un métal chaud.

La planche-poinçon, sortie de dessous le balancier, est tirée de sa boîte ; les caractères sont séparés et distribués pour composer d'autres planches semblables. La matrice est examinée à la loupe ; on recherche les lettres qui peuvent n'être pas assez purement empreintes ; et lorsqu'on en découvre quelqu'une, on prend un des caractères qui servent à former les planches-poinçons : on le frappe légèrement avec un petit marteau pour l'insinuer dans la place qui lui étoit marquée, et l'on répare ainsi l'imperfection de l'empreinte. La matrice est ajustée dans un châssis, serrée avec des vis, et garnie d'une virole d'acier qui, au clichage, donnera l'épaisseur de la planche ou format. On l'attache, au moyen d'un écrou à la vis du mouton, que j'ai précédemment décrit, et l'on cliche.

Voy. ci-devant pag. 100.

H 4

Le *format* ou planche solide, détaché de la matrice (1) et débarrassé des bavures, est porté à la justification. C'est un cadre établi sur une plaque de cuivre par des règles d'acier qui se fixent à volonté avec des vis. Là on taille chacun des côtés du format en biseau ; on se sert pour cela d'un rabot semblable à celui des fondeurs de caractères. L'épaisseur du format est d'environ 2 lignes ou 5 millimètres.

Le format est porté sur une seconde machine où l'on évide les espaces qui restent, soit entre les titres, soit à la fin des alinéa, et sur lesquels le papier pourroit, lors de l'impression, appuyer et se noircir. Cette machine est composée, comme les tours en l'air, de deux pièces ; l'une perpendicu-

---

(1) On le détache avec la lame du couteau, de la manière dont je l'ai décrit ci-devant, p. 100. Ce procédé est vicieux, parce qu'il ne fait pas sortir le cliché perpendiculairement ; il ne le détache que successivement, en faisant décrire à chaque côté du cliché un angle avec la matrice. L'œil en relief sort donc de l'œil creux de côté et en biaisant, ce qui en rompt la perpendicularité et en arrondit les angles. Aussi les lettres du bord de la page paroissent souvent moins pures que celles du milieu.

laire, sur laquelle l'objet que l'on veut travailler est fixé au moyen d'un mandrin : l'autre horizontale, qui porte l'outil propre à opérer. Le format placé sur la pièce perpendiculaire présente à l'échoppe, appuyée sur la pièce horizontale, la partie que l'on veut creuser. Lé mouvement d'une manivelle fait monter et descendre le format ; l'échoppe agit et creuse à la profondeur convenable.

On fait épreuve du format. S'il se découvre quelque faute que l'on n'ait pas aperçue lorsqu'on faisoit épreuve de la planche-poinçon, on enlève avec le burin la lettre défectueuse ; on perce le format, et on introduit un nouveau caractère pris dans le nombre de ceux qui servent à composer les planches-poinçons. On justifie la hauteur avec le jeton ; et avec le fer à souder on chauffe la tige de la lettre que l'on incorpore ainsi au format : l'excédent de la tige est supprimé.

On dresse le dessous du format par le moyen du tour et du procédé que j'ai décrit, page 102, et on le justifie pour la hauteur dite *en papier*. Une règle d'acier est évidée à la hauteur convenable. On la

posé sur un marbre , il faut que le format
coule librement dans l'espace que l'évide-
ment de la règle laisse ouvert.

Lorsque l'on ne met pas une grande im-
portance à l'ouvrage que l'on imprime avec
les formats solides , on se contente d'attacher les formats , soit avec des vis , soit
avec des clous d'épingle , sur de petites
planches de noyer , pour les enfermer dans
des châssis avec des garnitures. Lorsqu'on
veut y mettre plus de soin , on a une table
de cuivre sur laquelle s'adaptent des règles
de cuivre ou d'acier , évidées sur les bords.
On dispose les formats entre ces règles :
comme leur bordure est taillée en biseau ,
elle s'ajuste parfaitement sous le bord évidé
des règles ; le tout est serré par une règle
placée au bas de la planche , et fixée avec
des vis. Les règles qui se trouvent entre
les formats remplissent l'office des garnitures , qui , dans l'usage ordinaire , forment les marges. La planche ou feuille entière , ainsi composée , est placée sur le
marbre et conduite sous la presse.

Une page ou format de la grandeur de
celles du *Virgile* publié en l'an 6 , pèse
environ une demi - livre ; ainsi la double

planche pour imprimer la feuille entière des deux côtés, pèse 18 livres : la même planche, en caractères mobiles de hauteur ordinaire, peseroit environ 120 livres. Il y a donc une grande différence entre conserver des formats stéréotypes pour tirer des exemplaires à volonté, ou conserver des planches composées en caractères mobiles.

Tel se trouvoit l'état des procédés pour le polytypage et la stéréotypie, employés par les citoyens Didot et Herhan, à la fin de l'an 6.

A cette même époque, la fin de l'an 6, le citoyen Bouvier, un des artistes que j'ai nommés parmi ceux qui furent employés à la fabrication des assignats, avoit polytypé, avec beaucoup de succès, une planche d'impression par un procédé différent de celui des Didot et d'Herhan. Je donne une épreuve de cette planche, afin que l'on juge du point de perfection auquel il étoit parvenu alors. Sa planche polytypée est en cuivre; et son procédé, la fonte dans un moule de terre argilleuse. Il a été fait rapport au Gouvernement, le 20 fructidor an 6, de l'impression de cette planche et de plusieurs autres travaux exécutés avec succès par le même artiste.

Depuis la fin de l'année 6 , les citoyens Pierre et Firmin Didot ont continué leurs éditions stéréotypes ; le citoyen Herhan s'est attaché à exécuter et à perfectionner le procédé énoncé dans son brevet d'invention du 3 nivose an 6. Ses travaux ont été le sujet d'un rapport que j'ai fait à deux des classes de l'Institut , le 28 thermidor an 8 et le 16 vendémiaire an 9. Herhan a même obtenu du gouvernement , le 27 brumaire an 8 , un certificat d'additions et perfectionnemens à ses procédés pour imprimer avec des formats solides , produit de matrices mobiles fondues (1). Le citoyen Bouvier a, de sa part, porté fort loin ses opérations ; il les a appliquées à beaucoup de parties , entre autres à la musique , et il a obtenu , le 7 frimaire an 9 , un brevet qui lui assure la propriété de ses inventions (2). Mais ces perfectionnemens et ces découvertes étant postérieures à l'an 6, elles ne doivent pas faire partie du présent mémoire. Je me réserve d'en rendre compte dans le volume des Mémoires de l'Institut,

Voy. ci-devant pag. 112.

------

(1) *Moniteur*, n° 132 , page 550.

(2) *Bulletin des lois* 64 , n° 490.

DÉCLARATION DES DROITS ET DES DEVOIRS DE L'HOMME ET DU CITOYEN.

Le Peuple Français proclame, en présence de l'Être suprême, la déclaration suivante des droits et les devoirs de l'homme et du citoyen.

DROITS.

Art. I. Les droits de l'homme en société sont la liberté, l'égalité, la sûreté, la propriété.

II. La liberté consiste à pouvoir faire ce qui ne nuit pas aux droits d'autrui.

III. L'égalité consiste, en ce que la loi est la même pour tous, soit qu'elle protege, soit qu'elle punisse.

L'égalité n'admet aucune distinction de naissance, aucune hérédité de pouvoir.

IV. La sûreté résulte du concours de tous pour assurer les droits de chacun.

V. La propriété est le droit de jouir et de disposer de ses biens, de ses revenus, du fruit de son travail et de son industrie.

VI. La loi est la volonté générale exprimée par la majorité ou des citoyens ou de leurs représentans.

VII. Ce qui n'est pas défendu par la loi, ne peut être empêché.

Nul ne peut être contraint à faire ce qu'elle n'ordonne pas.

VIII. Nul ne peut être appellé en justice, accusé, arrêté ni détenu, que dans les cas déterminés par la loi, et selon les formes qu'elle a prescrites.

IX. Ceux qui sollicitent, expédient, signent, exécutent ou font exécuter des actes arbitraires, sont coupables et doivent être punis.

X. Toute rigueur qui ne seroit pas nécessaire pour s'assurer de la personne d'un prévenu, doit être sévèrement réprimée par la loi.

XI. Nul ne peut être jugé qu'après avoir été entendu ou légalement appelé.

XII. La loi ne doit décerner que des peines strictement nécessaires et proportionnées au délit.

XIII. Tout traitement qui aggrave la peine déterminée par la loi, est un crime.

XIV. Aucune loi, ni criminelle, ni civile, ne peut avoir d'effet rétroactif.

XV. Tout homme peut engager son tems et ses services, mais il ne peut se vendre ni être vendu; sa personne n'est pas une propriété aliénable.

XVI. Toute contribution est établie pour l'utilité générale; elle doit être répartie entre les contribuables, en raison de leurs facultés.

XVII. La souveraineté réside essentiellement dans l'universalité des citoyens.

XVIII. Nul individu, nulle réunion partielle de citoyens ne peut s'attribuer la souveraineté.

XIX. Nul ne peut, sans une délégation légale, exercer aucune autorité, ni remplir aucune fonction publique.

XX. Chaque citoyen a un droit égal de concourir, immédiatement ou médiatement, à la formation de la loi, à la nomination des représentans du peuple et des fonctionnaires publics.

XXI. Les fonctions publiques ne peuvent devenir la propriété de ceux qui les exercent.

XXII. La garantie sociale ne peut exister si la division des pouvoirs n'est pas établie, si leurs limites ne sont pas fixées, et si la responsabilité des fonctionnaires publics n'est pas assurée.

DEVOIRS.

Art. I. La déclaration des droits contient les obligations des législateurs : le maintien de la société demande que ceux qui la composent connoissent et remplissent également leurs devoirs.

II. Tous les devoirs de l'homme et du citoyen dérivent de ces deux principes gravés par la nature dans tous les cœurs.

Ne faites pas à autrui ce que vous ne voudriez pas qu'on vous fît.

Faites constamment aux autres le bien que vous voudriez en recevoir.

III. Les obligations de chacun envers la société consistent à la défendre, à la servir, à vivre soumis aux loix, et à respecter ceux qui en sont les organes.

IV. Nul n'est bon citoyen s'il n'est bon fils, bon pere, bon frere, bon ami, bon époux.

V. Nul n'est homme de bien s'il n'est franchement et religieusement observateur des loix

VI. Celui qui viole ouvertement les loix, se déclare en état de guerre avec la société.

VII. Celui qui, sans enfreindre ouvertement les loix, les élude par ruse ou par adresse, blesse les intérêts de tous; il se rend indigne de leur bienveillance et de leur estime.

VIII. C'est sur le maintien des propriétés que reposent la culture des terres, toutes les productions, tout moyen de travail, et tout l'ordre social.

IX. Tout citoyen doit ses services à la patrie et au maintien de la liberté, de l'égalité et de la propriété, toutes les fois que la loi l'appelle à les défendre.

Monotypé par le Citoyen Bouvier, *rue Beaubourg*, Nᵒ 273.

NOUVEAU

STÉRÉOTYPE

EN MATRICES DE CUIVRE.

A PARIS,

DE L'IMPRIMERIE DE L. E. HERHAN.

IX. — 1801.

Page 125.

Romani, domi militiæque intenti, festinare,
rare; alius alium hortari; hostibus obviàm
libertatem, patriam, parentesque, armis teg
Pòst, ubi pericula virtute propulerant, sociis at
amicis auxilia portabant : magisque dandis qu
accipiundis beneficiis amicitias parabant.

Imperium legitimum, nomen imperii regi
habebant. Delecti, quibus corpus annis infirmu
ingenium sapientiâ validum, reipublicæ cons
tabant : hi, vel ætate vel curæ similitudine, PAT
appellabantur. Pòst, ubi regium imperium, qu
initio conservandæ libertatis atque augendæ
publicæ fuerat, in superbiam dominationem
convertit; immutato more, annua imperia, bir
que imperatores sibi fecére. Eo modo minu
posse putabant per licentiam insolescere anim
humanum.

VII. Sed eâ tempestate cœpére se quisque ex
lere, magisque ingenium in promtu habere. N
regibus boni quàm mali suspectiores sunt, s
perque his aliena virtus formidolosa est. Sed c
tas incredibile memoratu est, adeptâ liberta
quantùm brevi creverit : tanta cupido gloriæ in
serat! Jam primùm juventus simul laboris ac b
patiens erat, in castris per usum militiam disceb
magisque in decoris armis et militaribus equ
quàm in scortis atque conviviis, lubidinem ha
bant. Igitur talibus viris non labos insolitus, n
locus ullus asper aut arduus erat; non armatus hos
formidolosus : virtus omnia domuerat. Sed glo

où le rapport que j'ai fait sur les travaux du citoyen Herhan sera imprimé. Avant cette époque le citoyen Herhan aura mis le public à portée de juger du résultat de ses recherches, par la publication d'un volume exécuté selon ses nouveaux procédés ; déja, le 22 pluviose an 9, j'ai vu pour essai, une page imprimée d'après ses découvertes. Dans les jours complémentaires de l'an 9, Herhan a exposé au Louvre l'édition de la conjuration de Catilina par Salluste, *in-12*, et une très-belle planche, grand *in-fol-*, imprimée avec deux formats stéréotypes rapprochés l'un de l'autre, exécutés au moyen de ses matrices creuses. Il a reçu du Gouvernement la récompense d'une médaille d'or.

Je n'ai plus, pour terminer mon mémoire, qu'à rendre compte de trois ou quatre objets particuliers qui appartiennent à l'époque que mes récits embrassent.

En l'an 3, Firmin Didot préparoit une nouvelle édition des *Tables des logarithmes* par Callet. L'extrême attention qu'on apporte à la correction de ces tables est souvent trompée par le soin même que l'on prend pour réussir. En voulant remplacer un chiffre on en déplace un autre , et ce n'est pas assez d'avoir aperçu une faute pour être certain qu'elle sera corrigée. Ce danger n'auroit pas lieu si les caractères étoient tellement fixés qu'on fût assuré de travailler uniquement sur le type défectueux. C'est encore un avantage de conserver les planches de ces sortes de livres , et de ne tirer les exemplaires qu'à mesure du débit , afin de perpétuer la facilité de corriger les fautes , qui , ayant échappé à la lecture des épreuves , ne se découvrent que par l'usage qu'on fait du livre. Pour remplir ces vues , Firmin Didot , après avoir fait composer les planches avec des caractères mobiles , en la manière ordinaire , et après avoir fait la correction avec le plus grand soin , souda les caractères par le dessous de la planche , qui devint ainsi une masse continue et unique. Il a appelé cette édition *stéréotype* (1), et c'est pourquoi j'en

----

(1) Le titre du livre est ; *Tables portatives des logarithmes..... par F. Callet , édition stéréotype , gravée , fondue et imprimée par Firmin Didot. Paris , F. Didot , 1795, an 3 , 2 vol. grand in-8°.*

fais mention ; mais il est manifeste que c'est un stéréotypage d'un genre absolument différent de celui qui consiste, soit à couler du métal dans le moule donné par des lettres saillantes, soit à clicher les pages avec une matrice de métal ; c'est le stéréotypage de Samuel Luchtmans, dont j'ai rendu compte ci-devant, pag. 9.

J'ai dit, page 106, qu'une partie des machines à clicher avoit été transportée à l'imprimerie de la République. On les y emploie journellement pour clicher des billets, des bons, et autres papiers de finance, avec des matrices formées de la même manière que celles des mandats et des asssignats. La vignette et le sceau du *Bulletin des lois* s'impriment avec des clichés ou formats identiques tirés d'une matrice de cuivre, résultat de l'empreinte du poinçon en acier. Ces formats ont 7 à 8 millimètres (3 à 4 lignes) d'épaisseur. On attache ceux de la vignette avec deux vis sur un corps ou garniture de plomb creux en partie, dans lequel on a placé, lors de la fonte , des écrous pour recevoir les vis. On donne ainsi au format la hauteur néces-

saire pour le mettre au niveau des autres
caractères de la planche. On réserve dans
le format une ouverture carrée pour recevoir
le numéro qui change à chaque bulletin.

Il est préférable d'attacher les formats
sur leurs supports avec des vis plutôt que
de les souder, ainsi que le font quelques
fondeurs en caractères pour ces larges ornemens dont on forme des encadremens soit
sur la couverture, soit sur les pages d'un
livre. Le cliché est attaqué et déformé facilement par le fer à souder, sur-tout lorsque
ce cliché est mince ; il est difficile d'étendre
la soudure assez également pour qu'il ne
se rencontre pas plus ou moins de hauteur
sur quelques points ; et c'est par cette cause
que les bordures dont je parle donnent
rarement uue impression égale et de juste
approche. Il y a économie à employer
des vis, parce qu'il coûte moins d'avoir
quelques vis et quelques supports auxquels
on peut adapter successivement plusieurs
pièces, que de souder chaque pièce en
particulier sur un support qui n'appartient
qu'à elle seule.

Je viens de parler des bordures que les

fondeurs en caractères multiplient par le polytypage. Le poinçon en est ordinairement gravé en acier; on peut alors les multiplier par le moyen de matrices en cuivre, et les clicher comme les graveurs en médailles frappent le plomb à la main , ou avec un mouton. Nos graveurs en bois polytypent aussi maintenant leurs vignettes , fleurons et culs-de-lampe : c'est-à-dire, qu'après en avoir tiré un creux ils obtiennent avec ce creux une table de métal qui représente la gravure en bois. Ils clouent la table ou lame de métal sur une planche de bois qui lui donne la *hauteur en papier* convenable. Par ce moyen ils ont la facilité de vendre la même vignette à plusieurs imprimeurs , et ceux-ci peuvent l'employer dans plusieurs pages en même temps. Je n'ajouterai pas que ces vignettes en métal peuvent tirer un plus grand nombre d'épreuves que les vignettes en bois : je ne pense pas que cela soit.

On a vu le polytypage des vignettes décrit par un Allemand , dès 1740 : ainsi le procédé n'est pas nouveau. Je ne crois cependant pas qu'il soit usité en France depuis un grand nombre d'années. Papillon

Ci-devant page 23 et suiv.

I

n'en dit rien dans son *Traité de la gravure en bois.*

Nos graveurs en font un secret, quoiqu'il n'y ait pas beaucoup de mystère. Il faut d'abord obtenir un creux de la vignette. On la frotte de sanguine ou de quelque autre matière qui empêche que le plâtre ou l'argile dont on va la couvrir, ne s'y attache. Selon que l'on compose la matière de son moule avec plus de soin, qu'on l'étend sur la vignette avec plus de légéreté et d'égalité, qu'on la fait pénétrer exactement dans tous les traits, le moule ou creux est plus parfait. Le relief que l'on en tire ne sauroit s'obtenir par le clichage, parce qu'un moule de plâtre ou d'argile ne soutiendroit pas la force du coup : il faut donc verser dans le creux, du métal chaud ; et la difficulté est de le faire pénétrer dans toutes les cavités, faute d'évent pour la sortie de l'air. Le moyen le plus à la portée de tout le monde est de saisir le moment où le métal versé sur le moule va se figer, et de le presser aussi fortement que la nature du moule le comporte, soit par l'action d'une presse, soit en le chargeant d'un poids considérable. Des per-

sonnes bien au fait de la fonte emploie-
roient d'autres moyens plus sûrs, tels qu'une
grande hauteur de jet sur le moule.

Le citoyen Bertrand Quinquet, dans le
Traité de l'imprimerie qu'il a publié en
l'an 7 (1), décrit un des moyens de polytyper les vignettes. Il emploie du spath
d'Allemagne pour former la matrice, et
dans cette matrice on coule, dit-il, de la
matière, de l'épaisseur de deux à trois
lignes au plus. Il a suivi, ajoute-t-il, cette
méthode depuis long-temps, et les avantages qu'il en a retirés sont tels qu'il invite ses confrères à la mettre comme lui
en pratique. Si le citoyen Quinquet ne fait
rien de plus que ce qu'il a décrit, son
polytypage ne doit pas lui donner des reliefs purs ; il faut nécessairement ajouter
aux procédés qu'il décrit un moyen quelconque de forcer la matière prête à se figer,
d'entrer dans les plus petites cavités de la
matrice.

Deux autres points sur lesquels il est in-
dispensable que les fondeurs en caractères
pour les bordures, et les graveurs en bois

---

(1) Art. 9, page 271.

pour les vignettes, se corrigent, c'est le trop peu d'épaisseur de leurs clichés, et l'usage de les souder sur un support de plomb, ou de les clouer sur un support de bois. Il est impossible de rien exécuter solidement et proprement par cette manière d'employer les clichés.

Les étrangers n'ont point été indifférens aux succès de la stéréotypie. Ils font des entreprises et des essais en ce genre. La Gazette générale de littérature, d'Iena, annonce dans la feuille de Correspondance du 5 juillet 1800 (*Col.* 815), que l'on stéréotype à Londres, et que, par les procédés qu'on emploie, une édition de bible qui auroit exigé un millier pesant de plomb en caractères mobiles, s'exécutera avec cent cinquante livres de métal en planches stéréotypes.

Dans une autre feuille de la même Gazette, Correspondance du 7 février 1801, *col.* 183, on rend compte des tentatives de Samuel Falka, hongrois, faites à Vienne, dès 1798, à ce que l'on assure, pour exécuter des éditions stéréotypes. Ses progrès ont été retardés par une circonstance singulière. Le rapport de ses annonces avec celles de Didot le fit soupçonner d'entretenir des correspondances en France. Un commissaire de police alla faire une descente chez lui, et il fut obligé de prouver qu'il étoit innocent du crime qu'on lui imputoit. Il pensa, après s'être justifié, qu'il lui seroit possible d'obtenir de la cour de Vienne un privilége pour les éditions stéréotypes , comme Didot en avoit obtenu un du Gouvernement français ; mais le privilége fut refusé. Falka ne s'est point découragé ; il s'est fait admettre comme graveur de caractères dans l'imprimerie de l'université de Bude , et là il a trouvé occasion de faire usage de ses découvertes et de ses procédés dont il a répandu plusieurs essais dans le public.

Post-scriptum. L'IMPRESSION de ce mémoire étoit fort avancée lorsqu'on a remis au citoyen Herhan deux planches de calendrier semblables à celle que j'ai décrite *page* 13 *et suivantes*. Il me les a communiquées. Elles portent, l'une les mois de janvier et de février, l'autre les mois de novembre et de décembre. Ces planches sont

exactement de la même grandeur, de la même
forme, de la même composition que celle
dont j'ai donné une épreuve. Cependant il
paroît que les trois planches n'ont pas été
disposées pour la même édition ; car les
fleurons qui séparent les deux colonnes dans
les deux planches qu'Herhan m'a communiquées sont différens des fleurons de la
planche dont j'ai donné l'épreuve. Les seuls
points de reconnoissance que je puisse indiquer dans ces planches, si on retrouve les
Heures pour lesquelles on s'en est servi, sont,
dans la planche de janvier et février, deux
points en travers au-dessous du vingtième
des fleurons qui séparent les colonnes, et
deux autres semblables au-dessous du vingt-
cinquième. Dans la planche de novembre et
décembre, au 23 novembre il manque un
point après le s qui précède le nom de
Clément.

Herhan a recouvré aussi et m'a communiqué plusieurs ornemens fondus et polytypés par Hoffman. Ce sont des vignettes,
des culs-de-lampe et des bordures. Les bordures sont grêles et d'une mauvaise fonte:
Les vignettes sont plus passables. Une grande

vignette formée de palmes et de branches d'olivier , fondue en une seule pièce de 18 centimètres (7 pouces de long), est la pièce la mieux exécutée.

7 brumaire an 10.

FIN.